Simone Langendörfer

Für ein Leben in Fülle

Simone Langendörfer

Für ein Leben in Fülle

So werden Sie Ihr eigener Glücksmanager

Edition Forsbach

Bibliografische Information der Deutschen Nationalbibliothek:

Die Deutsche Nationalbibliothek verzeichnet diese Publikation in der Deutschen Nationalbibliografie; detaillierte bibliografische Daten sind im Internet über http://dnb.d-nb.de abrufbar.

Edition Forsbach

Leben ist Mee(h)r

© Edition Forsbach, Fehmarn 2013

http://www.edition-forsbach.de

ISBN: 978-3-943134-35-3

Dieses Buch ist auch als E-Book und als Hörbuch auf einer mp3-CD erhältlich

Printed in Germany

Inhalt

Einleitung

Empfinden Sie Ihr Leben manchmal als Kampf?

Ist Ihr Alltag weit weg von der schönen Leichtigkeit des Seins? Fühlen Sie sich von immer neuen Konflikten in Partnerschaft und Beziehungen erschlagen? Haben Sie das Gefühl, immer zu wenig Geld zu haben? Gibt es ständig neue Reizthemen im Job?

Nun ja, dann sollten Sie dieses Buch jetzt weiterlesen!

Denn zu meiner und Ihrer großen Freude hat das Leben mit uns etwas ganz anderes vor. Wir haben nur zu wenig Zeit, um dies zu erkennen.

Wir alle haben die einzigartige Möglichkeit, einen Paradigmenwechsel zu vollziehen!

Das heißt, eine Vollbremsung im Alltag hinzulegen, das Ego aus dem Leben zu verabschieden und uns endlich den wichtigen Themen zuzuwenden: Ihrem Glück, Ihrer Zufriedenheit, Ihrer Bestimmung und Ihrer Sinnhaftigkeit.

Dieser Paradigmenwechsel ist einfach, aber nicht leicht. Leider gelingt es bis heute nur wenigen Menschen, das eigene Leben neu auszurichten. Zu stark ist die Ego-Konditionierung. Zu schwach die Lust auf Leichtigkeit, Wohlstand und echte persönliche Freiheit.

Pseudosicherheiten werden immer noch gesucht. Alte Gewohnheiten sind mächtig und nicht leicht zu beseitigen. Und doch möchte ich Sie ermuntern, sich diesen neuen Weg, den ich „Self-Fulfilling Management" (SFM) und „Self-Fulfilling Happiness" nenne, neutral anzuschauen.

Was Sie dann daraus machen, entscheiden Sie!

Das eigene Leben aus dem ständigen Geld-, Glücks- und Selbstwertmangel zu transformieren war auch meine eigene Aufgabe. Durch leidige, schmerzliche Erfahrungen wurde mir bewusst, dass mich mein Ego in die vollkommen falsche Richtung lenkte: Hin zu immer mehr Druck und Leid. Angst, Sorgen, Zweifel und Unsicherheiten jagten mich Tag und Nacht. Natürlich suchte ich mein persönliches Glück, wie wir alle. Und doch musste ich mir eingestehen, dass ich mich täglich mehr davon entfernte.

Geistige Erschöpfung, körperliche Krankheitssymptome und ein ständiges Getriebensein gehörten privat und beruflich zu meinem Standardrepertoire. Mein Ehrgeiz und mein Perfektionismus machten mir das Leben schwer.

Bis ich den eigenen Paradigmenwechsel vollzog. Mehr oder weniger unfreiwillig. Denn so, wie ich lebte, wollte ich nicht weiterleben. Ich hatte die Nase gestrichen voll von Stress, Druck und Erschöpfung. Ich wollte mehr. Dies konnte unmöglich mein Leben sein!

Ich träumte davon, ein sinnvolles Leben zu führen. Meine Bestimmung authentisch umzusetzen und der Welt „meine Musik zu hinterlassen".

Kurz, ich wollte meine Berufung leben. Und ich wollte mein eigenes Schicksal beeinflussen, Schöpfer meines Lebens sein, anstatt Opfer der Umstände.

Ich könnte wetten, all das möchten Sie auch! Und ich kann Ihnen jetzt schon versichern: All das können Sie auch! Auch wenn Sie jahrzehntelang in der falschen Richtung unterwegs waren, können Sie heute noch umdrehen!

Sobald Sie an dem Punkt angekommen sind, wo Sie die Nase gestrichen voll haben und sich immer wieder fragen: Soll das mein Leben sein? War das schon alles? Dann sind Sie bereit zu Ihrer inneren Transformation.

Ein sinnerfülltes Leben zieht automatisch Wohlstand, Gesundheit und Erfolg in jeder Hinsicht nach sich. Dies ist ein universelles Gesetz. Und wir alle können dieses Gesetz anwenden.

Sie müssen nur achtsam sein, dass das Ego Ihnen nicht wieder einen Strich durch die Rechnung macht! Mit einem persönlichen Achtsamkeitstraining können auch Sie Wunder in Ihrem Leben generieren!

Bitte glauben Sie mir, Ihr Ego hat keine Ahnung, was Leben heißt!

Seit ich mein Ego aus meinem Leben gedrängt habe, geschehen bei mir täglich Wunder:

Dinge geschehen, die ich mir nicht erklären kann. Geldquellen tun sich auf, wenn ich sie brauche. Menschen kommen in mein Leben, wenn ich eine neue Idee habe, um sie umzusetzen – kurz, immer, wenn ich eins brauche, ist ein „Wunder" zur Stelle!

Denn ich habe das wichtigste universelle Gesetz begriffen: Ich habe aufgehört, haben zu wollen! Ich habe begonnen, zu dienen!

Wenn Sie sich jetzt fragen, was das soll, dann möchte ich Ihnen Folgendes erklären: Die universelle Energie ist immer bereit, Ihnen zu dienen, wenn Sie sich in jeder Minute Ihres Lebens fragen: Wie kann ich anderen dienen?

Bisher hat Ihnen Ihr Ego immer weisgemacht, dass Sie noch mehr haben wollen, dass Sie noch mehr erreichen wollen, dass all das, was Sie schon haben und besitzen, zu wenig ist, und dass Sie noch mehr brauchen, um dann, irgendwann, endlich glücklich sein zu können.

Nur funktioniert das Leben leider nicht so. Das Universum hat eigene Regeln, die wir normalerweise nicht kennen. Und da wir uns täglich mit unserem Ego abmühen, hören und sehen wir die Signale des Universums auch nicht.

Bis wir uns bewusst dafür entscheiden und genau hinhören. Um unser egozentrisches Leben verlassen zu können, müssen wir Demut begreifen. Unsere „Ich-zuerst"-Mentalität ist die Ursache für Unglück und Konflikte.

In Wahrheit haben wir Anspruch auf gar nichts! Wir sind nicht bereit, zu teilen. Wir wollen alles und noch mehr haben, und wir bekommen niemals genug. Unsere Ego-Erwartungen und Ansprüche führen zu dieser inneren Leere und Unzufriedenheit, die wir alle kennen.

Sobald wir nicht mehr mit irgendetwas beschäftigt sind, macht sich eine frustrierende Langeweile breit. Wir müssen schnell wieder „was tun", um diese unschönen Gefühle und Stimmungen zu verdrängen und erst gar nicht hochkommen zu lassen.

Wenn wir den Paradigmenwechsel vollziehen wollen, sollten wir das Dienen für andere über alles stellen.

Spiritueller Lebenssinn schenkt Ihnen ein Tausendfaches an Lebensfreude und Erfolg, wenn Sie bereit sind, anderen zu dienen.

Die Frage „Wie kann ich heute das Leben eines anderen Menschen leichter machen?" ist eine zentrale Lebenseinstellung für mich geworden. Ich möchte nur noch schenken: Bedingungslose Liebe, Zeit, Aufmerksamkeit, Zuwendung, Geld, Wertschätzung und Respekt. Ich weiß und spüre, das alles kommt vielfach zu mir zurück.

Genauso müssen wir uns von unserem Ego-Kontroll-Verhalten verabschieden. Durch unglückliche Umstände wurden wir so erzogen, dass wir meinen, alles und jeden kontrollieren zu müssen: Unsere Kinder, unsere Kollegen, wenn wir könnten, sogar das Wetter!

Und das Schlimmste ist, dass wir uns selbst nicht einmal vertrauen! Wir wollen auch uns ständig kontrollieren: Unser Gewicht, die Zeit, die wir mit etwas verbringen, unser Selbstbild, das wir von uns haben. Und wir wundern uns dann, dass nichts gelingt!

Wenn wir beginnen, Kontrolle in Vertrauen umzuwandeln, verlieren wir unsere Ängste. Denn Angst ist immer die Sorge vor dem Leidenmüssen. Und wenn wir lernen, zu vertrauen, dann haben wir keine Angst mehr. Denn wir wissen, dass es kein Leid gibt.

Nur Menschen, die aus eigener Unsicherheit und Minderwertigkeit andere dominieren und kontrollieren möchten, fügen anderen Leid zu.

Menschen, die vertrauen, manipulieren und kontrollieren nichts und niemanden. Denn sie nehmen an und lieben, was ist. Es gibt nichts zu kontrollieren. Es gibt nichts, um sich einzumischen. Die Dinge sind so, wie sie sind. Und es ist gut so, wie es ist.

Nur unser Ego stellt sich immer über Gott und das Universum und möchte sich ständig einmischen, ja, die Dinge sogar noch besser machen als Gott oder die universelle Schöpfung!

Was für eine Perversion!

Alles im Universum ist biegsam und leicht. Haben Sie schon einmal beobachtet, wie sich ein mächtiger Baum im Sturm biegt? Wie sich der dicke Stamm leicht bewegt? Ist das nicht ein Wunder? Und so wie ein Baum im Sturm sollten wir uns verhalten: flexibel und beweglich.

Und wie sind wir? Rechthaberisch, starr, stur und manipulierend. Unser Ego möchte Recht haben. Leider denken die anderen Egos genauso. Und daher ist die Welt, wie sie ist: voller Kriege, Streit und Konflikte.

Beginnen Sie, sich nicht einzumischen! Halten Sie sich heraus! Aus den Konflikten Ihrer Kinder, aus dem Klatsch und Tratsch Ihrer Kollegen und aus der eigenen Kontrollsucht!

Lassen Sie den Dingen Ihren eigenen Lauf und vertrauen Sie dem Kompass der anderen. Lächeln Sie und entspannen Sie sich! Und ich versichere Ihnen: Es wird alles gut!

Denn jeder Mensch hat seine eigene Weisheit. Jeder Mensch ist an die universelle Quelle angeschlossen. Und wenn es Ihnen ab heute gelingt, Ihr Ego in die Schranken zu verweisen, spüren auch Sie die Heilkraft der universellen Energie, die unendlich vorhanden ist.

Diese mächtige Quelle ist es, die uns von Beginn an lenkt und führt, und nicht unser jämmerliches, konditioniertes, kleines Ego!

Beginnen Sie, Ihrer Intuition zu vertrauen und ihr zu folgen! Ihre Intuition ist Ihre Verbindung zu Gott. Hören Sie genau hin, was Ihre Seele Ihnen sagen möchte!

Suchen Sie Zeiten der Stille und der Ruhe. Werden Sie eins mit Gott. Vertrauen Sie sich dem Universum an und bleiben Sie flexibel. Hören Sie auf, sich krampfhaft an bestimmte Ergebnisse zu klammern!

Überlassen Sie das Steuer dem göttlichen Universum, und nehmen Sie auf dem Beifahrersitz Platz.

Ich weiß, das ist verdammt viel verlangt! Und doch ist es Ihnen gar nicht möglich, all die Möglichkeiten zu sehen, die es gibt und die Sie auf dem Weg zu Ihrer Bestimmung voranbringen wollen.

Ihr Ego sieht vielleicht 2 % von den Chancen Ihres Lebens. Und wenn Sie sich verzweifelt an bestimmte Ergebnisse haften, können die restlichen 98 % überhaupt nicht wirken! Ist das nicht eine Katastrophe?

Immer wenn Sie sagen: Ich will aber diesen Job! Oder: Ich will aber diesen Mann! Oder: Ich will aber nicht mein Geld verlieren, dann klammern Sie sich verzweifelt an Ihre Ego-Ergebnisse.

Wissen Sie, was das Universum noch alles mit Ihnen vorhat?

Wollen Sie sich wirklich mit Ihren kümmerlichen 2 % begnügen? Also ich nicht! Beginnen Sie ab jetzt, sich selbst zu vertrauen, anderen zu vertrauen und der höheren Macht (Gott) zu vertrauen. Hier sitzt die Quelle Ihres wahren Seins, mit der Sie schon immer verbunden waren, aber es vor lauter Druck und Stress nicht gespürt haben.

Die universelle Schöpfung ist ein Wunder! Und wir sind ein Teil dieses Wunders! Steigen Sie ein! Nehmen Sie Platz! Und erleben Sie viele wundervolle Wunder!

Lassen Sie Ihr bisheriges Leben los! Lassen Sie es das Universum machen! Den Satz „Das geht nicht" gibt es im Universum nicht. Schauen Sie sich um! Ist die Natur nicht ein Wunder? Und was haben die Millionen menschlichen Egos daraus gemacht?

Haben Sie keine Angst! Es passiert Ihnen nichts. Sie sind geborgen im Schutz des Universums, wenn Sie bereit sind, sich anzuvertrauen.

Sie müssen nicht weiter Recht haben, denn die universelle Energie wird Ihnen Ihre Bestimmung zeigen, und Sie sind glücklich. Sofort und für immer. Auch wenn Sie traurig sind, sind Sie glücklich und erfüllt, weil Sie tief in sich die Verbindung spüren: Ich bin nicht allein.

Sie dürfen authentisch sein: Sie dürfen lachen, weinen, sich wundern und staunen. Nur eines dürfen Sie nicht: Ihrem Ego die Führung überlassen. Denn das hat noch nie geklappt!

Was haben Sie erreicht, mit all Ihren alten Überzeugungen, Glaubensmustern und Ängsten? Warum halten Sie immer noch an alten Konditionierungen und Blockaden fest, die Sie nur behindern und nicht weiter bringen?

Was ist mit all Ihren Ausreden, Bedenken, Erfolgs- und Glücks-Verhinderungsstrategien?

Kennen Sie Ihre eigenen Selbst-Sabotage-Programme, die täglich nach Sicherheit und noch mehr Geld schreien?

Lassen Sie los! Streben Sie nach Erfolg und nicht nach Besitz! Spüren Sie Zufriedenheit statt Sturheit! Machen Sie sich klar, dass Ihnen nichts gehört! Nichts gehört Ihnen!

Ja, nichts! Sie sollten in jeder Sekunde bereit sein, alles loszulassen, damit noch mehr zu Ihnen kommen kann.

Wenn Sie an Ihrem Auto, Ihrem Haus und Ihrem Geld hängen, werden Sie alles verlieren.

Wenn Sie jetzt bereit sind, alles zu verschenken und nichts zu besitzen, wird Ihnen noch viel mehr gegeben! Ist das nicht paradox?

Ja, diese Veränderungen sind paradox, weil unser Ego sie nicht verstehen und nachvollziehen kann.

Schon im Kindergarten haben wir unser Lieblingsspielzeug gegen andere verteidigt. „Meins!" haben wir gedacht und als Erwachsene die Spielzeuge einfach ausgetauscht. Doch wir denken immer noch „Meins!"

So trennen wir uns von allen anderen ab. Wir sehen in den anderen die Konkurrenten, die uns die knappen Güter wieder wegnehmen könnten, wenn wir nicht wachsam sind.

Denn alles ist knapp: die Zeit, das Geld, der Besitz.

Was für eine Idiotie des Egos! In Wahrheit ist gar nichts knapp! Geld ist unendlich vorhanden, Zeit existiert sowieso nicht, und Ihr Besitz wird Ihnen auch wieder genommen, da können Sie sicher sein!

Unser egoistisches Anspruchsdenken ist die Ursache für die zwischenmenschliche Kälte, die wir überall spüren.

Alles ist vergänglich. Unsere lineare Zeit bringt uns von A nach B. Wir alle kommen aus dem Nichts und gehen in das Nichts. Und doch existiert diese universelle Synchronizität, dass alles gleichzeitig passiert. Die Quantenphysik hat auch den letzten Zweifler überzeugt, dass nichts jemals endet.

Und da möchte unser kleines Ego uns weismachen, dass alles knapp und begrenzt ist …

Wir wünschen uns immer mehr. Das, was wir haben, ist nie genug. So, wie es gerade ist, ist es nicht richtig. So sind wir ständig im Mangel. Doch wir müssen uns klarmachen, dass wir immer schon das sind, was wir uns wünschen!

Die wichtigsten fünf Minuten Ihres Tages sind die, wenn Sie abends im Bett liegen, bevor Sie einschlafen!

In diesen fünf Minuten sollten Sie nicht über den vergangenen Tag grübeln und sich Gedanken machen, was wieder nicht geklappt hat und was Sie noch brauchen, damit es Ihnen besser geht.

Beginnen Sie heute noch, sich in diesen fünf Minuten damit zu beschäftigen, was Sie noch sein möchten. Fühlen Sie dann, dass Sie es bereits sind!

14

Das Entscheidende ist das Fühlen! Wie fühlen Sie sich, wenn Sie reich sind? Wie fühlen Sie sich, wenn Sie den neuen Posten in der Firma haben und Chef sind? Wie fühlen Sie sich, wenn Sie Ihre Traumfrau ansprechen und zusammen sind?

Nehmen Sie alle Gefühle ganz genau wahr! Denn Sie brauchen sich nichts zu wünschen, weil Sie es bereits sind!

Alles, was zu Ihrer Bestimmung gehört, sind Sie bereits jetzt! Sie lassen es nur noch nicht zu! Fühlen Sie alles haarklein! Riechen Sie, schmecken Sie, hören Sie in sich rein, und übergeben Sie dann die Führung an die göttliche Quelle!

Die göttliche Quelle wird alle Verbindungen für Sie herstellen, die Sie brauchen! Doch Achtung! Hören Sie auf mit dem lächerlichen Haben-Wollen Ihres Egos!

Sie müssen nichts haben, weil Sie alles bereits sind!

Lassen Sie das Ergebnis offen, denn vielleicht gibt es noch eine viel bessere Stellung oder einen viel besseren Partner, den Sie noch gar nicht kennen!

Lehnen Sie sich in den fünf Minuten, bevor Sie einschlafen, innerlich zurück und genießen Sie, was Sie bereits sind!

Das ist reine Fülle! Das ist reine Bewusstheit! Das ist Gegenwärtigkeit, denn Sie haben immer nur diesen einen Moment in Ihrem Leben!

Gewöhnen Sie sich dieses Ritual vor dem Einschlafen an! Docken Sie sich direkt an Ihr Unterbewusstsein an, das alles bereits weiß, weil es alles bereits ist.

Es geht in unserem Leben in Wirklichkeit nur darum, uns selbst wiederzufinden . Unser falsches Selbst, das vom Ehrgeiz zerfressene Ego durch das liebevolle wahre Ich zu ersetzen, das wir immer schon waren und immer sein werden.

Üben Sie sich in Ehrfurcht! Machen Sie das Leben nicht kompliziert! Beginnen Sie zu staunen! Beginnen Sie sich und andere bedingungslos anzuerkennen und falsche Selbstbilder zu löschen!

Erwarten Sie von anderen nicht, dass sie so sein sollen, wie Sie es gerne hätten! Bringen Sie allem und jedem Respekt entgegen!

Seien Sie ehrlich zu sich! Sie sind der, der Sie sind! Und nicht der, den Ihre Eltern oder andere haben wollten! Hören Sie Ihre eigene innere Stimme und beginnen Sie mit dem ersten kleinen Schritt!

Vergessen Sie die Angst und Sorge, dass Sie sich lächerlich machen könnten! Es geht in diesem Leben nur darum, die eigene Bestimmung zu erfüllen! Menschen, die Sie bedingungslos lieben, werden dies immer akzeptieren und unterstützen!

Beenden Sie Machtkämpfe. Sehen Sie in anderen nicht Konkurrenten oder Feinde. Wenn Sie begreifen, dass wir alle miteinander verbunden sind, leben Sie Mitgefühl, Sanftmut und Güte. Wenn wir andere besiegen und beherrschen wollen, werden wir selbst besiegt und beherrscht.

Beobachten Sie Ihre Gedanken, Worte und Taten!

Leben Sie Hilfsbereitschaft, und verlangen Sie keinen Dank! Anderen zu dienen macht uns zutiefst glücklich und erfüllt. Der Lohn für Hilfsbereitschaft ist Glück! Tiefes, reines, dauerhaftes Glück!

Denn: Sie sind Liebe! Sie sind Freude! Und Sie sind jetzt schon glücklich!

Mit liebevollen Grüßen

Simone Langendörfer

Kapitel 1:
Unsere Ego-Persönlichkeitsstruktur

Woher kommen wir?

Diese Frage hat wohl schon jeden von uns beschäftigt. Die Quanten-physik lehrt uns, dass Energie zu Form wird. Wir wissen, dass Teilchen niemals aus Teilchen hervorgehen.

Aus Energie-Wellen, Schwingungen auf unterschiedlichen Frequenzen, entstehen subatomare Teilchen, daraus atomare Teilchen und daraus wiederum Moleküle, die unterschiedlichste Formen annehmen.

Also hat Materie ihren Ursprung in der Formlosigkeit, in der Energie. Folglich wurden wir von Energie zu Form.

Das mag nun furchtbar wissenschaftlich klingen. Und doch ist es mir den Gedanken wert, dass alles Leben auf diesem Planeten aus einem verschwindend kleinen Protoplasma-Tropfen hervorgeht.

Jeder Fötus wird ohne unser Zutun zu einem einzigartigen menschli-chen Wesen. Keine Mutter regt sich während einer Schwangerschaft darüber auf, dass das Kind in ihr die falsche Augenfarbe hat, oder die Nieren des Kindes zu spät gebildet werden, die Händchen zu klein sind oder die Gesichtsmimik falsch ist. In den ersten neun Monaten unseres Lebens im Bauch unserer Mutter überlassen wir uns zu hundert Prozent der göttlichen Quelle, und alles ist göttlich.

Alles hat seine Zeit und geschieht zur richtigen Zeit. Unser erster Herz-schlag setzt genau dann ein, wenn der richtige Zeitpunkt gekommen ist.

Aus einer Eichel wächst ein großer, mächtiger Eichenbaum, aus einem Sonnenblumenkern strahlt im Sommer eine wundervolle Sonnenblu-me, und auch wir entstehen nach einem universellen, perfekten Plan.

Keiner käme auf die Idee, sich hier einzumischen! Wir vertrauen zu hundert Prozent einer universellen Weisheit und lassen es geschehen.

So entsteht aus dem scheinbaren Nichts ein neuer Mensch. So hat alles Leben seinen Ursprung im Nicht-Sein.

Schlussendlich lässt dies den Gedanken zu, dass wir alle aus derselben göttlichen, universellen Quelle stammen und somit alle miteinander verbunden sind.

Demnach bin ich nicht die Kultur, in die ich hineingeboren werde, ich bin auch nicht die Religion, die in diesem Land gilt, und ich bin auch nicht die Umgebung, die ich mir als Geburtsort ausgesucht habe. Ich bin auch nicht der, den meine Eltern haben wollten, sondern ich bin der, der ich bin:

Ein einzigartiges, universelles Geschöpf aus Energie zu Form geworden, um nun hier auf diesem Planeten ein weiteres Leben (falls Sie an Reinkarnation glauben) oder das eine Leben zu führen, für das ich bestimmt bin.

Wir alle stammen also aus einer göttlichen, nicht sichtbaren Energiequelle und sind somit alle miteinander verbunden. Haben Sie schon mal darüber nachgedacht?

Demnach ist meine materielle Form hier in diesem Leben endlich, doch formlose Energie existiert ewig. Also müssten auch wir ewig existieren. Zwar nicht unser Körper, in dem wir in diesem Leben stecken, jedoch unser Energiefeld, nennen wir es Seele. Also lebt unsere Seele ewig.

Was halten Sie davon, wenn ich auch unser Denken als Energie definiere? Ein System mit unterschiedlichen Frequenzen. Schon der berühmte Quantenphysiker David Bohm sagte: „Gedanken kommen aus der Leere, aus dem Nichts."

Also ist jeder von uns ein universelles, spirituelles Wesen. Niemand wird bezweifeln, dass wir alle in den ersten neun Monaten unseres Lebens von einer göttlichen Quelle geformt wurden. Niemand, weder unser Vater noch unsere Mutter konnten sich hier einmischen.

Ich möchte behaupten, dass unser Körper die materielle Form der Energie eines spirituellen Wesens ist. Also kommen wir alle aus der Ewigkeit und gehen auch wieder in die Ewigkeit. Das Leben hier auf dieser Erde ist lediglich eine kurze Station von der so genannten Geburt bis zu unserem Tod.

Ich möchte noch einmal betonen, dass wir alle aus derselben Energie geschaffen wurden. Diese Energie ist unser wahres, unser authentisches Selbst. Also ist unser Dharma, der Sinn unseres Lebens, unsere Bestimmung und alle Unterstützung und Hilfe, die wir hier in diesem Leben brauchen, in dieser Energie „hinterlegt": Also sind wir alle von Stunde Null an göttliches Bewusstsein!

Nun stellen Sie sich vor, Sie kommen als der kleine Säugling nach neun Monaten auf diese Welt. Es wurde neun Monate göttlich und perfekt für Sie gesorgt. Sie sind reines Bewusstsein. Sie sind direkt mit der universellen Quelle verbunden, aus der Sie und wir alle ja stammen.

Als Säugling haben wir keine Ziele und keine Wünsche. Wir leben zu hundert Prozent in diesem einen Moment, der für uns existiert. Es gibt kein Gestern und kein Morgen. Es gibt nur das Jetzt.

Der einzige Zweck, zu dem Sie hier sind, ist zu sein. Es gibt kein Haben-Wollen, Nicht-Genug-Haben oder ähnliches. Sie sind Ihr wahres Selbst. Alles, was Sie für dieses Leben hier brauchen, ist bereits in Ihnen, in diesem perfekten göttlichen Plan.

So wie Ihnen geht es jedem Lebewesen: jedem Löwen, jeder Butterblume, jedem Vogel, jedem Delphin, kurz, allem Leben hier auf Erden. Alles Leben hier lebt sein wahres Selbst. Kein Löwe kann wie eine Giraffe leben. Und keine Meise kann wie ein Adler leben.

Jedes Leben hat sein ureigenes Dharma, und es ist immer perfekt.

So, nun kommt der alles entscheidende Punkt:

Sie sind als Säugling gerade geboren, und Ihre Eltern nehmen Sie in Empfang. Ab jetzt werden Sie von Ihrer göttlichen, universellen Quelle abgeschnitten: Sie verlieren Ihr wahres Selbst. Sobald Sie geboren sind, geht das gesamte Programm los: Eine Heerschar von Menschen stürzt sich auf Sie und formt Sie neu!

Je nach Geschlecht, Kultur, Herkunft, Religion, Erziehungsphilosophien, Traditionen und kommerziellen Zielen empfangen Sie, ob Sie wollen oder nicht, in den kommenden Jahren ein individuelles Drama, das Sie in eine Welt des Leids, der Angst und der Fremdbestimmung stürzt.

Ab jetzt sind Sie nicht mehr an die perfekte universelle Energiequelle angeschlossen, sondern andere Menschen, so genannte Bezugspersonen, übernehmen das Schöpfungsprogramm. Durch Erziehung, Konditionierung, Prägung, Beurteilung, Lob und Tadel verlieren Sie Ihr wahres Ich und bilden ein Ego, ein falsches Selbst, eine künstliche Identität.

Jeder von uns wurde in eine Gesellschaft hineingeboren, die ihn geprägt hat. Jeder von uns spielt eine Rolle, ob er möchte oder nicht.

Das Bild von Frau und Mann, unsere Familie, die uns „erzog", unsere Schulen, unsere Bildung, unsere Bekannten und Freunde, unsere Kultur, unsere persönlichen Lebensumstände, unsere Religion, unser Umfeld und unsere täglichen Erfahrungen von Geburt an bis heute prägten, konditionierten und sozialisierten uns.

Alte Glaubenssätze und Denkmuster wurden in unserem Gehirn fest verankert. Sie werden von uns nicht hinterfragt, wir leben sie einfach. Feste Prägungen und Blockaden funktionieren vollkommen unbewusst.

Schauen Sie sich die nachfolgenden Beispiele an. Vielleicht kommt Ihnen das Eine oder Andere bekannt vor:

- Ein Mann weint nicht.
- Geld verdirbt den Charakter.
- Nur die Harten komm' in' Garten.
- Geld muss man sich verdienen.
- Ich muss besser sein als die anderen.
- Eigenlob stinkt.
- Ohne Fleiß, kein Preis.
- Lieber tot als zweiter.

- Frauen sollen alles perfekt machen.
- Meine Meinung ist nicht wichtig.
- Ich schaff' das doch sowieso nicht.
- Ich bin für's Alleinsein nicht gemacht.
- Ich kann mich doch nicht so in den Mittelpunkt rücken – was denken da die anderen?
- Kindern muss man Grenzen setzen.
- Niemals bin ich gut genug.
- Man muss sich sein Glück erst verdienen.
- So was Großes schaff ich doch sowieso nicht.
- Die anderen sind immer viel glücklicher als ich.
- Frauen sollen nicht immer jammern und klagen.
- Ein Mann muss sich durchsetzen können.
- Und, und, und …

Tausende solcher Glaubenssätze hat man uns verabreicht. Sie wurden uns von der ersten Stunde an vorgebetet, wie das tägliche Zähneputzen.

- Ein Kind isst seinen Teller leer.
- Ein Kind mischt sich nicht ein.
- Ein Kind macht pünktlich seine Hausaufgaben.
- Ein Kind hört auf die Eltern.
- Ein Kind nörgelt nicht rum.
- Ein Kind geht in sein Zimmer, wenn es wütend ist.
- Ein Kind spart sein Geld.
- Ein Kind streitet sich nicht.

Natürlich haben wir als Kinder weder das Wissen noch die Macht, solche Prägungen zu hinterfragen oder zu prüfen. Was die Erwachsenen sagen, zählt für uns.

Schließlich wollen wir geliebt werden. Das ist existenziell wichtig für uns und unser Gedeihen. Ohne die Liebe unserer Nächsten wären wir gestorben.

Und so kommt es, dass wir ungeprüft diese Sätze und Erwartungen übernommen haben.

Wir folgten den Eltern, den Großeltern, den Geschwistern und der Lehrerin. Wir erkannten Obrigkeiten an. Zwar gab es einige wenige Mitgenossen, die gegen diese Übermacht rebellierten und aufbegehrten, doch diese eigenmächtigen Exemplare wurden schnell durch Strafen und Sanktionen wieder in die Spur gebracht.

Wenn wir uns heute die Generationen X und Y anschauen, dann erkennen wir, dass immer mehr Jugendliche aus diesem Schauspiel aussteigen. Sie hinterfragen die elterliche und schulische Erziehung.

Generationen um Generationen folgen einer Ego-Persönlichkeit, die ganz und gar nicht ihrem wahren Selbst entspricht. Doch Kindern und Jugendlichen bleibt keine andere Wahl: Um die lebenswichtige Liebe der Eltern und Bezugspersonen zu bekommen, zeigen sie das erwünschte Verhalten, auch wenn sie sich dabei verlieren.

Sie entwickeln ein Ego, ein sich verselbständigtes Kunst-Wesen, das aus unserem Verstand besteht. Es bringt unsere täglichen, niemals enden wollenden Gedanken hervor. Es sagt uns, was wir tun müssen und sollen, es implementiert uns eine eigene Erwartungshaltung und stürzt den einen oder anderen in ein mehr oder weniger schwieriges Leben.

Wir halten Begrenzungen für wahr, denken und leben alte Glaubenssätze. So entstehen Energieblockaden, wir vernachlässigen unsere eigene Bestimmung und Berufung oder lehnen sie sogar ab.

Dem Ego geht es in erster Linie darum, uns von den anderen abzutrennen: Schon im Kindergarten erfahren wir, dass wir auf unser Spielzeug aufpassen müssen. Wir lernen, unseren Besitz vor anderen, so genannten Konkurrenten zu verteidigen. Zwar sollen wir teilen, doch Dinge gehören auch uns. Wir können Spielzeug und Bücher ausleihen, doch wird uns beigebracht, auf unser Eigentum zu achten.

Unser kleiner Ehrgeiz wird immer heißer: Wir wollen mehr Spielzeug haben. Das Auto, den PC, die Puppe, das Kletterhaus, das Fahrrad.

Und bald gibt es unzählige kleine „Egoisten". Der, der mehr hat, ist wichtiger und bedeutsamer, der, der weniger oder nicht die „richtigen" Dinge in seinem Besitz hat, ist weniger wertvoll.

Also lernen wir: Mein Besitz verleiht mir Bedeutung und Anerkennung, Wichtigkeit und Einfluss. Denn ein Mensch, der wenig oder nichts besitzt, ist ein Mensch ohne Wert. Wir begreifen bereits im Kindergarten, dass unsere Wichtigkeit davon abhängt, wie viel Spielzeug und coole Kleidung wir haben.

Das wahre Selbstbild in Gottes universellem Plan sagt dagegen: Wir sind wertvoll, einfach weil wir als ein Teil Gottes hier existieren.

Das Ego bringt uns in eine Abhängigkeit, in der alles Leid seinen Ursprung hat: Wir fühlen uns von unserem Besitz abhängig. Wir und unser Besitz werden eins. Unser Image, unser Selbstwert hängt existenziell von unserem Besitz und Eigentum ab.

Ein verheerender Standpunkt! Wir identifizieren uns mit Dingen, Titeln und Objekten. Wir haben unsere Göttlichkeit verloren. Schon im Kindergarten und in der Schule sorgt sich das noch junge Ego darum, den „eigenen" Besitz nicht zu verlieren.

Unser Ego macht einen traurigen Wettkampf daraus, immer mehr haben zu wollen. Ein schlimmer Teufelskreis beginnt schon unter Kindern und Jugendlichen. Das Ego sitzt in unserem Inneren und flüstert uns zu:

„Du hast noch nicht genug! Du brauchst noch mehr! Streng dich an! Du kannst erst glücklich sein, wenn Du noch mehr hast!"

Schauen Sie sich die Kinderzimmer unserer armen reichen Kinder an! Wie viel „Eigentum und Besitz" häuft sich da an!

Natürlich streben wir als Erwachsene nach immer teureren, wertvolleren und ausgefalleneren Besitztümern. Denn wir brauchen noch mehr Wert, mehr Status, mehr Ansehen und mehr Wichtigkeit!

Ist unser Besitz in Gefahr, fühlen wir uns sofort in unserer Existenz bedroht. Unser Wert als Kind, Jugendlicher, Frau oder Mann ist direkt angegriffen, wenn wir unseren Besitz verlieren oder nicht mehr leisten können.

Denn aus der Ego-Abhängigkeit heraus fühlen wir: Ich bin so viel wert, wie ich besitze. Und wenn ich weniger oder nichts besitze, bin ich weniger oder nichts wert. Wir sind endgültig in den Ketten des Egos gelandet.

Unser wahres Selbst kennt keine Abhängigkeit von Besitztümern. Seine Identität hängt nicht von Eigentum ab. Es fällt nicht in eine Depression, wenn es etwas verliert. Denn es ist immer zufrieden mit dem, was es hat. So wird es auch niemals enttäuscht sein oder weniger wert.

Was wir besitzen, hat überhaupt nichts mit dem eigenen Wert zu tun. Wir sind wertvoll, wir müssen dies nicht mit Dingen unterstreichen. Wir sind universelle Fülle und aus der unendlichen Energie der Schöpfung entstanden.

So eine Einstellung ist dem Ego zuwider! Denn es möchte unsere Persönlichkeit an das binden, was wir besitzen. Es macht uns weis, dass es ohne Besitz keine Zufriedenheit und kein Glück geben kann. Daher fühlen sich unzählige Menschen getrieben und gejagt, um immer mehr zu besitzen.

Bitte machen Sie sich klar: Kinder brauchen und wollen keinen Besitz! Wir müssen umdenken! Kinder können stundenlang mit Gras, Kartons, Steinen und Stöcken spielen. In sich versunken spielen sie friedlich miteinander, wenn es kein Mein und Dein gibt. Erst das Ego lässt Konflikte und Streit unter Kindern und Jugendlichen entstehen.

Genauso lernen wir, dass es unseren „Wert" erhöht, wenn wir besser und schneller sind als die anderen.

Schon junge Mütter wetteifern untereinander, welches Baby die meisten Zähnchen hat und am frühesten krabbeln kann. Besonders zu sein, im Vergleich zu anderen besser zu sein, mehr Leistung zu bringen, herausragender zu sein und andere hinter sich zu lassen, bringt uns schon früh Lob, Anerkennung und Bewunderung ein.

In allen Kleinkind-Gruppen wird verglichen und neidisch begutachtet, was das andere Super-Baby schon alles kann. Dabei ist jedes Baby ein göttliches Unikat: Genau so, wie es ist, wundervoll und mit nichts anderem zu vergleichen!

Die moderne Kindererziehung hat das Ziel, möglichst viele supererfolgreiche Leistungsroboter hervorzubringen. „Wer braucht zuerst keine Windeln mehr?" „Wer kann am frühesten die ersten Worte sprechen?" „Wer kann schon Fahrrad ohne Stützräder fahren?" „Wer kann schon eine Fremdsprache?"

Junge Eltern haben einen unglaublichen Ehrgeiz, was die Leistungen ihrer Kinder angeht. Für tolle Leistungen gibt es Süßigkeiten, Geld, Lob, Sternchen im Hausaufgaben-Heft, Anerkennung und im schlimmsten Fall eine extra Portion Ego-Liebe!

So lernen unsere Kinder recht schnell: Ich bin das, was ich leiste. Und so entsteht ein Heißhunger nach Lob und Bestätigung. Denn jedes Kind möchte „gut" sein".

Das göttliche wahre Selbst handelt nicht so. Es weiß um sein spirituelles Wesen. Auch wenn es überhaupt nichts tut, ist es an sich wertvoll. Das individuelle Dharma, also die persönliche Bestimmung, erfüllt sich vollkommen ohne Leistung. Sich einfach vom Seelenplan leiten zu lassen, macht glücklich.

Jeder lebt seine Bestimmung. Keiner muss sich mit anderen vergleichen oder messen. Es gibt keine Dualität. Alle sind gut. Das wahre Selbst lässt los und lässt die göttliche Quelle einfach machen. Es wird durch Gott gelebt. Es setzt sich niemals über andere. Dadurch, dass es sich klein macht, ist es groß. Indem es nichts tut, wird alles getan. Das wahre

Selbst erlangt wahre Meisterschaft, indem es dem Leben erlaubt, seinen natürlichen Lauf zu nehmen.

Wenn wir alle so leben würden, würden wir paradoxerweise ein Vielfaches von dem erreichen, was wir heute mit unserem Ego-Getriebensein erreichen.

Denn in Wahrheit geht es nicht darum, was wir tun, sondern was wir sind. Wenn wir sagen: Ich bin, was ich tue, werden wir ständig getrieben. Viele Menschen können überhaupt nicht mehr „nichts tun".

Der eigene Wert hängt vom eigenen Erfolg und von Leistungen ab. So wollen wir immer mehr tun und immer mehr leisten. Bis wir irgendwann im schlimmsten Fall zusammenbrechen. Ein Teufelskreis.

Durch unser Kämpfen, Leisten müssen, Erfolge erzielen müssen und dem Vergleichen mit anderen verlieren wir Unmengen Kraft und Energie. Das zeigen die Krankheitsfälle in Kindergärten, Schulen und Unternehmen. Denn in allen gesellschaftlichen Bereichen wird der persönliche Wert an Leistung gemessen.

Ältere Menschen fühlen sich wertlos, weil sie nicht mehr so viel leisten können. Wenn wir krank sind, fühlen wir uns wertlos. Arbeitslosigkeit macht wertlos. Wir können die Anforderungen der Gesellschaft nicht mehr erfüllen und fühlen uns von den anderen abgetrennt.

Daher sage ich in meinen Beratungen immer:

Wir tun unsere Arbeit nicht, wir sind unsere Arbeit. Wenn ich in meinem wahren Selbst bin, möchte ich nicht ein Maximum an unsinnigen Leistungen erbringen, sondern Sinnhaftigkeit und Erfüllung spüren.

Unser wahres Sein wird niemals alt. Denn in Wahrheit arbeitet nicht unser Körper, sondern unsere Seele. Niemals kann etwas Äußeres meinen Wert als göttliches Wesen definieren. Also ist es auch nicht wichtig, was andere von mir denken. Ich bin in Verbindung mit der göttlichen Quelle, von der ich komme.

Ein Ego fällt sofort in sich zusammen, wenn ein Lehrer, ein Chef, ein Kollege oder irgendein anderer ein Urteil spricht. Eine „Bewertung" oder eine „Benotung" kann zu einem Kollaps des Egos führen, denn sein Wert ist von anderen abhängig.

Lehnen andere die Leistung oder das Verhalten ab, ist dieser Mensch automatisch nichts wert. Depression, Wut und Enttäuschung sind die Folge.

Doch unser wahres Selbst erfährt seine Selbstachtung aus sich selbst heraus und niemals von anderen. Wir sind spirituelle Wesen. Wir sind etwas ganz Besonderes, unabhängig, was andere über uns sagen. Noten und Meinungen von anderen sind eben nur Noten und Meinungen von anderen. Sie haben mit unserem Wert nicht das Geringste zu tun.

Doch das falsche Selbst, das Ego, möchte uns einreden, dass andere Menschen Macht über unseren Wert haben. Daher wollen wir die Anerkennung von anderen gewinnen. Wir verhalten uns so, wie andere uns haben wollen. Wir passen uns an, übernehmen die Ansichten und Meinungen von anderen und verlieren unsere Einzigartigkeit.

Wenn andere uns für langsam, nicht intelligent genug oder sonst was halten, bemühen wir uns krampfhaft, sie vom Gegenteil zu überzeugen. Denn Werturteile von anderen braucht das falsche Selbst zum Überleben.

Daher können Menschen, die nach Anerkennung suchen, keine liebevolle Beziehung aufbauen. Wie sollen wir bedingungslos lieben können, wenn wir es an Bedingungen knüpfen, dass man uns liebt? Wenn wir uns keinen Respekt und keine Wertschätzung entgegenbringen, wie sollen wir es dann bei anderen tun?

Das Ego bringt Dramen, Konflikte, Angst und Unsicherheit in Beziehungen. Wenn wir die Beurteilungen von Eltern, Lehrern, Chefs und anderen Bezugspersonen über unseren Wert stellen, leben wir ein fremdes Leben. Unsere eigenen Ansichten, Werte und Meinungen verlieren sich immer mehr, bis wir nicht mehr wissen, wer wir überhaupt sind und was wir wollen.

Daher gibt es in meinen Beratungen immer mehr Menschen, die überhaupt nicht wissen, wohin sie wollen. Sie funktionieren nur noch, sind von sich abgespalten und zutiefst unglücklich.

Strenggenommen besteht jeder von uns aus zwei Persönlichkeiten: Die falsche, künstliche Ego-Persönlichkeit und das Sein, der reine Geist, das wahre Selbst – die Essenz. Beide stehen in einem lebenslangen Konflikt.

Das Ego erschafft Krankheiten, Burnout, Begrenzungen, Selbst-Sabotage und Verwirrung, um am Leben zu bleiben.

Das wahre Selbst, unser eigentliches Ich, wartet auf seine Befreiung.

Viele von uns meinen, es wäre ein unendlich langer Weg, sich selbst zu befreien. Monatelanges oder sogar jahrelanges Training wäre notwendig, um erleuchtet sein wahres Selbst zu entdecken. Viele sind davon überzeugt, dass sie es gar nicht schaffen können, weil ihnen die Voraussetzung fehlt. Sie scheitern, bevor sie begonnen haben.

Das Ego ist schlau. Es kennt unzählige Tricks und Kniffe, um uns klein zu halten. Das schlimmste für unser Ego und unseren Verstand wäre unsere Befreiung, unsere Erfüllung und unsere Freiheit. Das bedeutete für unser Ego den sicheren Tod. Und so kämpft unser Ego jeden Tag auf´s Neue seinen Kampf gegen unser wahres Selbst.

Und doch ist es so simpel, so einfach, das eigene Ego in Frage zu stellen, es bewusst zu reflektieren. In jedem Moment können wir uns dazu entschließen. Es dauert keine Wochen und Monate. Sie müssen keine tausend Bücher lesen, Sie müssen keine esoterischen Kurse besuchen. Alles ist bereits in Ihnen. Sie brauchen keine Qualifikation. Alles, was Sie brauchen, haben Sie schon.

In Ihrer Kindheit und in Ihrem weiteren Leben hat man Ihnen Glaubenssätze, Denkmuster und Blockaden eingetrichtert, die Sie jederzeit erkennen, hinterfragen und auflösen können, um bewusst zu sein – ein neues Bewusstsein zu entwickeln.

Das ist **Self-Fulfilling Management**®, ein äußerst effizientes und effektives Mentaltraining, mit dem ich seit 2004 überaus erfolgreich arbeite.

Das Ego ist die Ursache allen Übels auf dieser Welt. Ihr Ego ist auf Trennung aufgebaut. Ihr Ego möchte Ihnen weismachen, dass es Sie gibt und die da draußen. Ihr Ego zeigt Ihnen eine Welt, die auf Dualismus, auf Gegensätze aufgebaut ist. Es bewertet und urteilt ständig als richtig und falsch, gut und schlecht, lohnend und nicht lohnend.

All Ihre Sinne sind auf Dualität fokussiert. Ihr Ego gaukelt Ihrem Gehirn vor, dass es eine Realität „da draußen" gibt, voller Probleme und Herausforderungen, für die Sie die Lösungen suchen müssen.

Ihr Verstand ist Ihr Anpeitscher, der Ihnen unablässig neue Gedanken verabreicht. Jeder von uns kennt diese lieblose, fordernde Stimme in unserem Inneren, die wir nicht abstellen können, die uns immer weiter antreibt.

Wir fühlen uns immer mehr wie ein Sklave, der seinen Dienst verrichtet. Wir verlieren uns immer mehr, fühlen uns schwach als Verlierer und Versager.

Die meisten von uns denken, sie wären ihr Verstand. Doch davon sollten wir uns distanzieren. Wir sind nicht unser Verstand. Unser Verstand sollte unser Hilfswerkzeug sein, der uns Aufgaben lösen lässt. Nicht mehr und nicht weniger.

Doch unser Verstand ist egogesteuert. Er beschäftigt und quält uns immer wieder mit denselben Gedanken. Er hält uns klein und in unserer Begrenzung gefangen. Unser Verstand hat keine Ahnung, wie groß und unglaublich fähig unser Geist, unser echtes, wahres Selbst ist. Unser Verstand hält uns mit seinen Vorstellungsgrenzen in einem kleinen, beschränkten Radius gefangen.

Wie der berühmte junge Elefant an seiner Eisenkette, die er nicht durchreißen kann. Auch als erwachsener Elefant scheint er dazu nicht fähig zu sein; denn er kann sich einfach nicht vorstellen, wie stark er ist.

Alte Glaubenssätze halten uns in unserer kleinen Welt gefangen, oft ein ganzes Leben lang. Wie schade und wie ärgerlich, wenn man bedenkt, was wir mit unserer wertvollen Lebenszeit alles anfangen könnten.

Unser Leben ist also ein Wettkampf von Unbewusstsein und Bewusstsein. Unser Ego wird ständig bemüht sein, uns an unserer Jugendkette festzuhalten. Denn unsere Befreiung wäre sein sicherer Tod. Und da wir nichts anderes kennen, glauben wir an diese Ego-Welt der Dualität. Wir sehen es als unsere Aufgabe, im so genannten Außen zu agieren. Wir fühlen uns als Opfer der Umstände, sehen keine Alternative für uns. Es gilt ständig neue Probleme zu lösen, um irgendwann endlich einmal glücklich und zufrieden sein zu dürfen.

Doch an diesem „Irgendwann" kommen wir niemals an!

Unsere Ego-Persönlichkeit raubt uns Lebensfreude, Kreativität und Lebenslust. Wie Leistungssklaven starten wir jeden Tag unsere Runden im Ego-Gewinnspiel: Minutengenau nach der Uhr, die immer drohend über uns wacht und uns von Termin zu Termin hetzen lässt, funktionieren wir wie ferngesteuerte Roboter. Viele sind schon vollkommen erschöpft und ausgebrannt, können fast nicht mehr. Das belegen und unterstreichen die neuesten Burnout-Statistiken.

Burnout ist eine hausgemachte Ego-Krankheit, eine Gesellschaftskrankheit, die durch körperliche und seelische Symptome die Menschen packt und ihnen laut ins Gesicht schreit:

„Halt!!! Stopp!!! Du bist vollkommen falsch unterwegs!!! Dreh um!!! Hinterfrage Dein Denken, Fühlen und Handeln!!! Schau an, was Du mit Dir machst!!! Du lässt es zu, dass Dein Ego, Dein Verstand dich krank und handlungsunfähig machen! Lass es nicht zu!!! Verändere Dich!!! Beende den Ego-Wahn!!!"

Leider ist die Anzahl derjenigen, die sich auf den Weg zu einem neuen Bewusstsein machen und auch dabeibleiben, zur Zeit noch sehr gering. Viele sehen ein Mentaltraining als esoterischen Humbug und spirituelle Quacksalberei an. Doch die Quantenheilung ist präsent und wird es bleiben.

Egal, wie viele Ego-Persönlichkeiten die Quantenheilung und die Glücksforschung belächeln: Wir sind in der Zeit der Transformation und Inspiration bereits angekommen! Ob wir wollen oder nicht!

Unser Ego-Denken belastet das Ökosystem Erde über die Maßen. Stärker, als sie dauerhaft verkraften wird. Die Folgen daraus sind irreversibel und dramatisch. Schauen Sie sich die wissenschaftlichen Berichte und Zahlen an. Auch wenn wir kollektiv die Augen verschließen und immer noch kurzfristig an unser eigenes Ego-Wohl denken, lassen sich die Zerstörungen, die unser Ego auf diesem Planeten anrichtet, nicht leugnen.

Moderne Krankheiten wie das Burnout-Syndrom zeigen uns, dass wir unsere Ressourcen und uns selbst zerstören. Es wird höchste Zeit zu handeln! Burnout ist definitiv keine Modekrankheit oder ein Gejammer von ein paar „Weicheiern"!

Burnout betrifft Männer, Frauen und Kinder. Manager, Hausfrauen, Schüler, Studenten, Selbstständige, Führungskräfte, Mitarbeiter, Ärzte, Krankenpfleger, Lehrer, Angestellte im Vertrieb, Assistentinnen, Personalchefs – sie alle können ein Lied von Burnout singen.

Die Anstiegszahlen sind alarmierend! Die Dunkelziffer liegt um ein Vielfaches höher. Noch immer werden Milliarden Pillen geschluckt, um ein Burnout mehr oder weniger erfolgreich zu kaschieren. Schlaftabletten, Beruhigungsmittel, Aufputschmittel, Alkohol, Süchte und exzentrisches Verhalten sollen uns als vermeintliche Versager und psychisch Kranke vor den anderen, vermeintlich stärkeren, gesünderen und erfolgreicheren Mitmenschen tarnen.

Denn noch immer gilt in unserer Erfolgs- und Leistungsgesellschaft: Nur wer erfolgreich und leistungsstark vorne mit dabei ist, gehört zu den Gewinnern! Schwächlinge, Versager und Weicheier werden von oben herab belächelt, outgesourct und umgesetzt.

Nur die Besten, die Leistungsstärksten und die Motiviertesten sind ganz vorn mit dabei. Dies sind die kranken Auswüchse unserer Ego-Leistungs-Gesellschaft, die auch vor den Kleinsten, unseren Kindern, nicht Halt macht. Wir wollen erfolgreiche Kinder: Die Noten in der Schule sind der Schlüssel zu Liebe, Aufmerksamkeit, Bestätigung und Glück. Was für eine Lüge! Was für eine kranke Ansicht!

Burnout ist der Infarkt der Seele. Wir sollten ihn als das begreifen, was er ist: Ein Paradigmenwechsel, der bereits begonnen hat und nachhaltig umgesetzt werden muss.

Lebenszeit, die wir mit Burnout und anderen psychosomatischen Krankheiten verbringen, ist bestimmt keine Qualitätszeit! Leben aus unserem Sein heraus ist gelebte Qualitätszeit! Diese sollten wir täglich anstreben und umsetzen.

Ich möchte Ihnen mit diesem Buch zeigen, dass Sie jederzeit, in jedem Augenblick, in jedem Moment die Wahl haben: sich für Ihre Ego-Persönlichkeit zu entscheiden oder für Ihr wahres Ich – für Ihr wahres Selbst und Ihre Erfüllung!

Dabei gilt es, die alten Glaubenssätze und Denkmuster zu erkennen und aufzulösen. Der Paradigmenwechsel findet in Ihrem Geist statt – und nur dort! Jeden Moment sind Sie nur einen Gedanken weg von Ihrem Glück und Ihrer Zufriedenheit. Sie haben immer die freie Wahl: Ego oder Freiheit.

Das können Sie trainieren. Jetzt. Sofort. Immer wieder, bis sich die alten Denkstrukturen aufgelöst und sich in Ihrem Gehirn neue, neuronale Netzwerke etabliert und aufgebaut haben.

Zum Glück ist die Glücksforschung heute anerkannt. Neurologen, Psychologen und Hirnforscher bestätigen, dass unser Gehirn in der Lage ist, jederzeit, unabhängig von unserem Alter, neue Netzwerke aufzubauen.

Ein Verhalten oder eine Denkstruktur, die wir über lange Zeit vernachlässigen, verkümmert oder löst sich ganz auf. Durch die Bewusstmachung dieser alten Prägungen und Blockaden akzeptieren wir diese als das, was sie sind, nämlich unnötige Ausbremser, Anpeitscher und Begrenzer. Wir ersetzen diese durch neue Netzwerke, also Verhaltensweisen und Gedanken, die uns Freiheit und Erfüllung bringen.

Je öfter Sie also die bewusste Entscheidung treffen, sich aus dem Ego-Denken auszuklinken, desto öfter wird Ihr Gehirn diese neue „Gedankenautobahn" anerkennen und als „normal" etablieren. So schwächen Sie Ihr Ego immer mehr. Ihre neuen Denkmuster werden immer stärker und mächtiger. Sie werden immer mutiger und vertrauen sich selbst immer mehr.

Daraus entsteht ein neues Selbstbewusstsein, weil Sie sich Ihrer neuen Gedanken immer bewusster werden und nicht länger Ihre alten Begrenzungen akzeptieren. Ihr Ego beginnt mehr und mehr zu schwächeln. Der Verstand hat Sie nicht mehr in der Hand. Sie sind kein Leistungssklave mehr, der sich als Opfer den Umständen hingibt.

Sie sind der Schöpfer Ihrer Realität, und das macht immer mehr Freude. Denn Sie sind aktiv: In Richtung Freiheit. Sie sind nicht mehr der verzweifelte Problemlöser, der ein Problem nach dem anderen hat und sich ohnmächtig und hilflos einem ungerechten Leben ausgeliefert sieht.

Sie sind der Gestalter Ihres Lebens. Sie sind. Sie spüren Ihren starken Geist aus Ihrer Mitte heraus mehr und mehr. Sie erkennen immer mehr, dass die größte Zwangsneurose fast aller Menschen die Identifikation mit dem Denker, dem Verstand, dem Ego ist. Dies wird als „normal" angesehen, ist es jedoch nicht. Es gibt keine Trennung. Es gibt keine Probleme zu lösen, und Sie müssen nichts erreichen.

Sie bekommen Inputs zum Handeln aus Ihrer inneren Freude heraus. Aus Ihrem Seinszustand kommen Sie ins Tun – ins leichte, freudige Handeln, um dann den Erfolg zu ernten.

Das Ego macht es genau umgekehrt. Nach dem Ego leben wir die Maxime: Erst etwas im Außen tun: Probleme lösen, Aufgaben erfüllen, Erfolg generieren, weiter kommen, Ziele erreichen; um dann irgendwann etwas zu haben: Geld, Besitz, Know-How, Status, Macht; und um dann schließlich etwas zu sein: glücklich, erfolgreich, mächtig, tragend, erfahren.

Unser Seins-Zustand, unsere göttliche Essenz macht es anders und führt uns damit zu Glück und Erfüllung: Zuerst wenden wir uns nach innen, in unser Sein, in unsere Essenz, wir gehen in unseren Herzraum, fühlen unseren Geist. Wir atmen langsam tief ein und aus, wir entspannen und lösen uns. Wir spüren, dass wir in Ordnung sind, so, wie wir sind. Jetzt sofort. Wir nehmen unsere Gedanken und Gefühle unkommentiert an: Angst, Sorge, Zweifel, Wut, Trauer, Verzweiflung, Ratlosigkeit, Müdigkeit, Verwirrung, Erschöpfung und Leere. Wir wissen, dass wir nichts lösen müssen.

Wir atmen tief und ruhig weiter. Wir fühlen unseren Herzraum. Dort verweilen wir. Wir denken schöne Gedanken: Ich bin richtig. Ich bin hier, weil ich gut genug bin. Ich darf leben. Ich bin dankbar, leben zu dürfen. Alles ist bereits gelöst. Ich muss keine Probleme lösen. Alles ist gut, so wie es ist. Es gibt kein richtig und falsch. Alles ist gut. Ich bin im Lebensfluss, ich gebe mich dem Leben hin. Ich bin reiner Geist.

Aus diesem Sein kommen wir ins Tun und Handeln. Wir handeln nicht, bevor wir diesen inneren Frieden, die Freiheit und die Freude, die drei Grundelemente unseres Seins spüren.

Unsere Handlungen erfolgen in tiefer Freude aus unserem Sein. Nach dem Resonanzgesetz, das genauso unausweichlich gilt wie das Gesetz der Schwerkraft, werden wir wertvolle Samen streuen und wertvolle Früchte ernten, die uns nach vorne bringen. Übereifrige Handlungen aus dem Ego-Denken heraus bringen uns nur weitere Probleme und Belastungen.

Handeln wir hingegen aus unserem Inneren, aus unserem Sein heraus, so haben wir eine veränderte Ausgangssituation. Unser wahres Selbst wird uns die nötigen Ideen, Einfälle und Inspirationen liefern, die wir brauchen, um hervorragende Ergebnisse zu erzielen – menschlich, sachlich und finanziell.

Andere Menschen werden von unserer Fülle angezogen. Lebensfreude und Fülle wirken auf andere äußerst attraktiv. Automatisch kommen die nötigen Ressourcen, Unterstützer und auch das erforderliche Geld in unser Leben – immer dann, wenn es gebraucht wird. So bauen wir auf kleinen Erfolgen immer größere Erfolge auf.

Wir handeln aus einer inneren Freude heraus. Wir sind offen für Neues, kreativ, konstruktiv und gut gelaunt. So werden auch die Ergebnisse immer besser und besser. Wir fühlen uns bestärkt und machen immer weiter. Wir vertrauen immer mehr unserer Essenz, unserem Sein. Wir verändern unseren Fokus. Weg vom Ego, hin zu unserer Essenz. So befreien wir uns mehr und mehr. So werden wir zu dem Menschen, der wir in Wahrheit sind. Und das fühlt sich extrem gut und glücklich an.

Es gibt nur Unbewusstheit und Bewusstsein. Wir haben immer die Wahl. Unsere Probleme wollen uns bewusst machen. Sie wollen uns den Weg zeigen, indem wir innehalten und sagen:

„Stopp! Welchen Gedanken habe ich gerade gedacht? Woher kommt dieser Gedanke? Will er mich wieder begrenzen und klein halten? Will er mich zu Leistung zwingen? Will er mich in eine Ego-Richtung anpeitschen? Will er mir wieder eine Erwartungshaltung aufzwängen, die mich krank macht?"

Um immer mehr in Richtung „Wahres Selbst" zu gehen, brauchen Sie die begrenzenden Glaubensmuster gar nicht mal zu kennen. Es reicht vollkommen aus, wenn Sie sagen: Das war jetzt wieder ein Gedanke aus Kindertagen, den brauche ich heute nicht mehr. Sie machen sich diesen Gedanken bewusst, beschließen, ihn hier und jetzt nicht mehr zu glauben und zu befolgen. Sie treffen sogleich die bewusste Entscheidung, in Ihre Essenz zu gehen. Wie das genau geht, besprechen wir später noch genauer.

So erkennen Sie immer besser die fiesen Tricks Ihres Egos. Immer öfter wird Ihnen klar, dass hier alte Prägungen am Werk sind, die Sie als Kind ungeprüft verinnerlicht haben, die Sie heute aber nicht mehr brauchen. So wie der erwachsene Elefant die Kette aus Jugendtagen. Heute könnte er sich befreien. Wenn er das Bewusstsein dafür hätte. Haben Sie das Bewusstsein dafür?

Ich bin gespannt!

Kapitel 2:
Kennen Sie die schlauen Ego-Tricks?

Egal, ob Sie meditieren, sich beim Yoga entspannen oder ob Sie einfach mal auf dem Sofa liegen und „nichts tun", Ihr Ego, also Ihr Verstand, ist immer hellwach.

Nichts wäre für unser Ego schlimmer, als wenn wir es durch kontinuierliches Training in die Enge treiben oder, noch dramatischer, ruhigstellen würden. Also ist das Ego hellwach. Es schleicht sich durch die Hintertüre in unsere Gedanken, die wir ohne Pause denken, immer wieder in unser Bewusstsein herein.

Doch wenn Sie sich aufmachen und ihr eigener Ego-Beobachter werden, haben Sie die große Chance, Ihr Ego zu „erziehen".

Ich bin zum Beispiel nach jahrelangem Training dazu übergegangen, mein Ego als einen eigenen Teil in mir zu betrachten. Ich rede mit meinem Ego, wie mit einer anderen Person. So kann ich meinem Ego immer wieder mitteilen: „Hey, Ruhe jetzt! Ich hab keine Lust mehr, diesen Quatsch zu denken!"

Oder ich mahne mein Ego: „Halt Dich da gefälligst raus! Das ist nicht Dein Part! Kümmere Dich um Deine Angelegenheiten."

So entsteht oft eine lustige Kommunikation in mir. Ich bin froh, dass meine klaren Worte an mein Ego unter uns, also dem Ego und mir bleiben. Meine Außenwelt wäre bestimmt sehr amüsiert, wenn sie diese Art von Gesprächen anhören könnte.

Bitte lachen Sie jetzt nicht. Aber es hat sich für mich als sehr förderlich erwiesen, wenn ich mich und mein Ego in zwei Einheiten teile. So mache ich mir jeden Augenblick bewusst, dass ich nicht mein Ego bin. Und das ist entscheidend.

In jedem Augenblick haben wir die Wahl: Sind wir die künstliche Ego-Persönlichkeit oder leben wir unser wahres Selbst?

Da ich nicht gerne Opfer bin, sondern lieber selbst agiere, entscheide ich mich in jedem Moment dafür, mich nicht mit meinen Gedanken und meinem Verstand zu identifizieren.

Dies ist der Quantensprung. So wenig und doch so viel.

Genau wie im Sport: Beim Golfen, wenn beim Putten genau der eine Millimeter fehlt um einzulochen, beim Fussball, wenn es statt dem Führungstor doch nur der Torpfosten oder die Latte wird, oder beim Hochsprung, wenn genau der eine Zentimeter fehlt und die Stange gerissen wird.

Es geht bei Bewusstseinsveränderungen nicht um langjährige Studien oder Ausbildungen. Sie müssen nicht stundenlang meditieren, um bewusst zu werden. Sie müssen auch keine spirituellen Sitzungen absolvieren. Nein, Sie haben immer und überall die Wahl: Sind Sie der eigene Schöpfer Ihrer Realität oder sind Sie Opfer Ihres Egos, also Ihrer Gedanken und Ihres Verstandes?

Agieren oder reagieren Sie? Handeln Sie aus dem Herzen heraus oder sitzen Sie in einer der raffinierten Ego-Fallen?

Gelingt Ihnen der eine, genau der eine Millimeter, um Ihr Bewusstsein auf eine andere Ebene zu erhöhen, oder bleiben Sie in Ihrer kleinen, bescheidenen Verstandeswelt gefangen?

Das, und genau das ist der alles entscheidende Quantensprung!

Jetzt, genau jetzt. Sie können genau jetzt damit anfangen und nie mehr aufhören. Sie entscheiden sich jetzt, jetzt und jetzt. Ohne jede Ausbildung und Qualifizierung.

Mit SFM können Sie es sich leichter machen. Sie haben schneller größere Ergebnisse und Fortschritte. Dazu habe ich SFM geschaffen. Ich habe aus unzähligen Büchern, Seminaren, Sitzungen und Kursen die für uns maßgeblichen Essenzen herausgefiltert.

Zum Beispiel war für mich das Buch „Ein Kurs in Wundern" ein wichtiger Lehrer. Über die Quantenheilung und die Quantenphysik habe ich in langen Studien und Gesprächen mit Wissenschaftlern meinen Wissensdurst gestillt.

Heute sage ich voller Überzeugung: Ja, wir sind ein sich ständig veränderndes Energiefeld. Ja, unser Energiefluss schwankt in jedem Moment. Ja, Energieblockaden machen uns krank. Ja, Energieblockaden können Sie mit SFM selbst auflösen und damit neue, wertvolle Energie zum Fließen bringen. Ja, es ist für Ihre Lebensresultate entscheidend, auf welcher Energiefrequenz Sie senden. Ja, unsere Ego-Persönlichkeit sendet auf einer extrem niedrigen Energie-Frequenz und ist sehr beschränkt, was sich in den täglichen Ergebnissen zeigt.

Auch wenn Sie ein herausragender Problemlöser in Ihrer Ego-Welt sind und von sich sagen: Ich bin erfolgreich und immer gut drauf, ich gehöre zu den Gewinnern und Siegern, ich habe mein Leben im Griff. Sie werden doch zu den Ego-Verlierern gehören, weil eine große, unbegreiflich große und nicht zu beschreibende Energiewelt sich vor Ihnen verschließt.

Wenn Sie aber trainieren, in Ihr Herz zu kommen und sich bewusst dafür entscheiden, spüren Sie diese unermessliche Fülle, Zuversicht, Kreativität, Ruhe und einen inneren Frieden, der sich in Worten nicht beschreiben lässt.

Dazu fällt mir ein schönes Beispiel ein:

Zwei Männer leben im Dschungel, in einem ursprünglichen Primärwald. Der eine hat es sich unten am Boden in einer gepflegten Hütte gemütlich gemacht. Er lebt dort jahrelang. Er sieht die Bäume um sich herum. Ab und zu schleicht ein Tier vorbei oder ein paar Insekten krabbeln in der Hütte herum. Er hört die Vogelstimmen und die Affenschreie in den Baumwipfeln, doch er sieht sie nicht.

Seine Welt ist sehr begrenzt und eingeengt. Er lebt in einem Umfeld, das er selbst definiert und eingegrenzt hat.

So ist unsere Ego-Persönlichkeit. Sie kann über bestimmte Grenzen nicht hinausgehen. Der Verstand endet dort, wo unser wahres Selbst beginnt.

Dort hat er keinen Zutritt. Dort muss er vor der Türe warten. Weil er das wahre Selbst, den reinen Geist, das Göttliche nicht begreifen kann.

Der andere Mann hat sich für einen anspruchsvolleren Weg entschieden. Er hat einen besonders schönen und hohen Baum mit einer wundervollen Baumkrone ausgesucht. Er sammelt lange Äste, Zweige und Wedel, um ganz oben in der Baumkrone über den Wipfeln der anderen Bäume die herrliche, unbeschreibliche Sicht zu genießen.

Er sieht die Sonne, die der andere Mann nicht genießen kann. Er sieht bis an den unendlichen Horizont. Er sieht die Tiere in den Baumkronen und sieht die Vögel fliegen. Das Licht und die Weite beflügeln ihn jeden Tag aufs Neue. Die Nächte mit den unbeschreiblichen Sternen am dunklen Nachthimmel inspirieren ihn. Es ist göttlich. Er sitzt genau an der Quelle. Er spürt die göttliche Energie. Jeden Tag. Darauf möchte er nie wieder verzichten.

Zwar ist es für ihn an manchen Tagen mühsam, immer wieder auf den Baumwipfel zu steigen. Manchmal hat er auch keine Lust und keine Kraft. Und dennoch trifft er immer wieder die Entscheidung, nach oben zu klettern. Denn nur dort wartet auf ihn diese Wunderwelt, von der der andere Mann nur träumen kann.

Diese Wunderwelt ist unser reiner Geist, unser wahres Selbst, von dem nur wenige ahnen, dass es das gibt. Zwar können andere uns davon erzählen und berichten, so wie der eine Mann dem anderen von der herrlichen Aussicht und dem Sonnenlicht ganz oben in der Baumkrone das Phänomen erklären kann. Doch die Gefühle der unglaublichen Freude und Erfüllung kann er ihm niemals schenken.

Der Mann am Boden wird diesen ursprünglichen, unermesslichen Energiefluss niemals spüren. Sein Platz ist die Hütte am Boden. Seine Komfortzone, die er niemals gegen die Risikozone tauschen wird. Sein Ego wird ihm immer wieder die Grenzen aufzeigen und ihm erklären, warum es für ihn in der Komfortzone besser ist und er niemals etwas verändern kann.

So wird der Mann am Boden immer dieselben Resultate erzielen, dieselben Erfahrungen machen, in seiner Begrenzung wahrscheinlich ein Leben lang leben. Und immer die Sehnsucht spüren, dass da noch mehr sein muss. Dass sein Leben in der Hütte am Boden nicht alles gewesen sein kann.

Doch dazu muss sich schon jeder selbst auf den Weg machen. Und dazu muss sich jeder von uns entscheiden. Immer wieder und wieder und wieder. Auch wenn's manchmal schwierig erscheint. Auch wenn das Ego uns einmal mehr in seine Fallen gelockt hat und wir wieder unbewusst reingefallen sind.

So haben wir immer wieder die Möglichkeit, eine neue Wahl zu treffen. Um dann doch wieder nach oben in die Baumkrone zu klettern und die Sonne und die Energie zu genießen, die nur dort auf uns wartet.

Das ist der Quantensprung. So klein und doch so unfassbar groß. So einfach und doch manchmal so unglaublich schwer. Doch vergessen Sie nie: Wir haben immer die Wahl!

Lassen Sie uns einen genaueren Blick auf unser Ego werfen. Ich möchte Ihnen damit bewusst machen, wie wir immer wieder in die Ego-Falle gehen, obwohl wir uns bereits als bewusst sehen und schon eine ganze Menge mit uns gearbeitet haben.

Es geht immer wieder um diesen einen Blickwinkel. Wir sollten, wenn wir unser Ego wirklich dauerhaft im Griff haben wollen, in jedem Augenblick überprüfen, wo wir gerade sind: In der Haltung unseres Egos, das uns von den anderen trennt oder in unserer Essenz, wo keine Trennung existiert.

Schauen wir uns genauer an, mit welchen Mechanismen, den sogenannten Ego-Tricks, es uns immer wieder einfängt.

Ego-Falle: Problembewusstsein

Unserem Ego kommt es darauf an, uns mit immer neuen Problemen und Aufgaben zu konfrontieren. Kaum haben wir das eine Problem gelöst, ist das nächste auch schon da.

Unsere Gesellschaft ist bereits so problemorientiert, dass sie so genannte Problemkinder und Problemhunde hervorbringt, die dann durch geeignete Maßnahmen korrigiert und therapiert werden müssen.

Die Arbeitsweise unseres Egos funktioniert auch hier nach einer festen Strategie: Es redet uns unablässig ein, dass wir erst aktiv werden, die anstehenden Probleme lösen, eine berufliche Position erreichen, ein Haus kaufen oder ähnliches sollen und müssen, damit wir dann dafür eine „Belohnung" bekommen und uns als wichtiger, bedeutender und wertvoller sehen.

Die Probleme unserer Zeit sind Beziehungsprobleme, Krankheit und Probleme mit dem Geld. Egal, ob es sich um kleine oder wirklich große Probleme handelt, unser Ego hat das Ziel, dass wir unseren Fokus auf das Problem, also nach außen richten. Wir sind damit beauftragt, schnell eine umfassende Lösung zu suchen um das Problem zu beheben.

Meistens tappen wir in diese Ego-Falle, weil wir es nicht anders kennen. Schon als Kind begannen wir, Probleme zu lösen. Selten waren wir so, wie wir waren, in Ordnung, und selten waren die anderen so mit uns zufrieden. Es ging immer darum, dass wir uns anpassen, es den anderen recht machen und unser wahres Selbst immer mehr vernachlässigen sollten.

Oft konnte es dann sogar passieren, dass wir selbst das Problem wurden, wenn wir zum Beispiel in der Schule nicht die erwarteten Leistungen brachten oder uns dem Druck unserer „Erziehungsberechtigten" widersetzten.

Unser Leben lang wurden und werden wir mit Problemen konfrontiert.

Ego-Falle: Bewerten und Beurteilen

Bitte beobachten Sie sich für ein paar Stunden. Fällt Ihnen auf, dass Sie immer sofort alles und jeden bewerten, verurteilen, beurteilen oder vorverurteilen? Unser Verstand bewertet sofort jede Meldung, jedes Erlebnis, jede Person.

Somit gibt es für unser Ego immer nur die eine Wahrheit: Wir und die „da draußen". Somit sind wir immer getrennt. Unser ganzes Gesellschaftssystem ist so aufgebaut. Das Opfer und der Täter, die Gruppe und ich, meine Freunde und ich – und ständig werden Menschen und Lebenssituationen aus den alten Glaubenssätzen und Denkmustern heraus bewertet und beurteilt.

Dies ist für unser Ego überlebenswichtig, denn diese Sichtweise hält die Dualität, nach der das Ego existiert, immer am Leben. Es gibt gut und böse, richtig und falsch, sinnvoll und sinnlos, akzeptiert und nicht akzeptiert. Das ist die Dualität unseres Egos.

Alles wird in diesen Kategorien bewertet. Unsere Ego-Persönlichkeit spielt sich ständig als Richter und Bewerter unserer Lebenssituationen auf. Doch woher möchte unser Ego wissen, was für uns gut oder schlecht ist?

Sind nicht die „schlechten Zeiten", in denen nicht alles so rund läuft, gerade die Zeiten, in denen wir wachsen und uns weiterentwickeln? Sind wir in gelingenden Zeiten nicht eher faul und träge und behalten den funktionierenden Kurs bei? Unser Ego würde niemals auf die Idee kommen und sagen: Es ist, wie es ist, und das ist gut so.

Entweder verhält sich jemand uns gegenüber richtig oder falsch. Ein Beziehungspartner soll gefälligst unseren Bedingungen entsprechen, sonst entziehen wir ihm unsere Liebe. Auch unsere Kinder sollen es uns recht machen, unsere Erwartungen erfüllen. Unsere Kollegen sollen so sein, wie wir sie haben wollen.

Unsere Gedanken wechseln ständig vom Beurteilen zum Verurteilen. Alte Erfahrungen und Sozialisierungen kreieren unsere Urteile. Alte, unbewusste Denkmuster schaffen unsere heutige Wirklichkeit. Nach dieser leben wir, ohne zu reflektieren oder zu hinterfragen.

So erleben wir unsere eigene Realität. Vollkommen unbewusst.

Unser Ego will immer Recht haben. Es wird aggressiv und gereizt, wenn andere nicht so funktionieren, wie sich unser Ego das vorstellt. Es wünscht sich, immer Recht zu bekommen, dann kann es wachsen und gedeihen.

Wenn es abgelehnt wird und kein Recht bekommt, ist es beleidigt, schmollt vor sich hin und zieht sich zurück. So kommt es, dass wir uns ständig von den anderen abtrennen. Wir fällen unsere Urteile. Jeder von uns lebt nach dieser Maxime. Und was kommt dabei heraus?

Schauen Sie sich unsere Gesellschaft an: Streit, Konflikte, Rechthaberei, und wenn es nur um die kleinste Kleinigkeit geht. Reibereien in Partnerschaften, zwischen Eltern und Kindern. Es wird gefeilscht und gekämpft. Denn Recht haben möchte schließlich jeder!

Jede Ego-Persönlichkeit lebt im Mangel. Jede Ego-Persönlichkeit möchte gewinnen und sich durchsetzen. Also möchte jedes Ego Recht haben, ob in Liebesbeziehungen, Geschäftsbeziehungen, Eltern-Kind-Gesprächen oder anderen konfliktträchtigen Beziehungen als Nachbarn, Kollegen, Verwandte oder in sonstigen Situationen, in denen sich unser Ego als Ratgeber aufspielt.

Noch eines sollten wir wissen: Unser Ego ist immer nach außen orientiert. Ständig sucht es Situationen, Menschen und Erlebnisse, wo es sich und uns beweisen kann: Schaut mal, ich hab wieder mal Recht gehabt. Hab ich doch gewusst.

Das ist eine große Herausforderung an uns; denn diese Ego-Prägung ist tief in uns verwurzelt. Um sie loszulassen, müssen wir die Entscheidung treffen, die Menschen und die Situationen so zu lassen, wie sie sind.

Das ist zunächst unsagbar schwer. Denn das Ego ist süchtig nach dem Glücksgefühl, das entsteht, wenn andere ihm Recht geben oder es sich selbst Recht gibt. Dann blüht es auf in seiner Wertigkeit. Es stellt etwas Großes dar, und darauf kommt es ihm an: größer und bedeutender zu sein als andere.

Jede Ego-Persönlichkeit lebt auf Kosten anderer Ego-Persönlichkeiten. Das erklärt auch, warum die ganze Welt in Kriege und aggressive Handlungen verstrickt ist. Ob Familienmitglieder gegeneinander kämpfen, oder ob das eine Land dem anderen durch militärische Eingriffe, Sanktionen und finanziellen Druck seine Übermacht erklärt, spielt keine Rolle. Die Egos im Kleinen vereinigen sich im Großen.

Und so kann es auf diesem Planeten erst zu großen Veränderungen kommen, wenn sich all die kleinen Egos für den Quantensprung entscheiden.

Ob und wann dies geschieht, wissen wir nicht. Doch es ist eine deutliche Entwicklung zu verzeichnen, dass sich weltweit immer mehr Menschen auf den Weg zu einer höheren Bewusstseinsebene machen. Jeder trifft diese Entscheidung selbst. Es gibt mittlerweile deutliche Zahlen und Belege darüber, dass die Zahl derer zunimmt, die nach neuen Lösungen und Wegen suchen, um glücklich leben zu können.

Besonders in den Industrienationen erkennen immer mehr Menschen, dass reines Wirtschaftswachstum nicht der Weg zu Erfüllung und Glück ist. Fortschritt ist auch geistiger Fortschritt. Konsum, immer höhere Wachstumszahlen und technische Höchstleistungen werden an ihre Grenzen kommen.

Es gilt nun, immer mehr nach innen zu schauen. Geistige Entwicklung, innere Weiterentwicklung und die eigene Erfüllung in hohem Maße zu leben, ist für immer mehr Menschen ein neuer Antrieb.

Immer mehr Frauen, Männer und Kinder verlassen ihre Hütte am Boden und wollen nach oben in die Baumkronen, um das eigene, wahre Selbst kennenzulernen. Es ist schön zu erleben, wie mutig viele Menschen sind. Ich erlebe es in meinen Vorträgen, Seminaren und Beratungen jeden Tag. Und es macht mich selbst sehr glücklich.

Ego-Falle: Angst

Da die Ego-Persönlichkeit, wie wir bereits erfahren haben, auf Trennung und Dualität basiert, ist sie ständig bemüht, neue Ängste zu erschaffen: Existenzängste, Trennungsängste, Versagensängste, Verlustängste und Konkurrenzängste stehen heute ganz oben auf der Liste der Angsterkrankungen.

Immer mehr Menschen klagen über Panikattacken, vor denen sie sich anscheinend nicht schützen können.

Unser Verstand versucht, uns von unseren Ängsten abzulenken. Er gaukelt uns vor, wir müssten im Außen noch mehr tun, also einfach mehr arbeiten, uns mehr mit anderen Menschen treffen oder noch mehr Hobbys haben. Nur so könnten wir die uns quälenden Ängste verdrängen.

Wir Menschen spüren die Emotion „Angst" in unterschiedlicher Stärke und Intensität. Viele Menschen argumentieren, dass Angst sinnvoll sei. Die Angst würde sie von gefährlichen Handlungen zurückhalten und als Ratgeber agieren.

Machen Sie sich immer wieder klar, was Ihre eigentliche Bestimmung in diesem Leben ist. Arbeiten, ein Haus bauen, Geld verdienen, bessere Beziehungen leben, reich werden, besitzen? Wirklich? Geht es nicht in Wahrheit auch darum, bewusst zu werden? Das eigene wahre Selbst zu entdecken? Sich aus der einengenden Welt des Egos zu befreien?

Was passiert, wenn Sie Ihre Realität in Angst erleben? Wenn Sie Angstgedanken denken, voller Sorge, Zweifel und Bedrückung? Sie erleben immer wieder Situationen und Menschen, die Sie mit Ihrer Angst konfrontieren.

So lange, bis Sie Ihre Ängste aufgelöst haben. Bis Sie erkannt haben, dass es gar keine Ängste gibt. Dass Ihre scheinbar so belastenden Ängste nur Illusionswolken sind, die Ihnen Ihr Verstand, Ihr Ego geschickt haben, um Sie zu beschäftigen.

Wie wir nun schon wissen, haben wir immer die Macht, eine bewusste Wahl zu treffen. Sind wir wieder einmal mit einer mächtigen Angst konfrontiert, liegt es an uns, sofort zu reagieren, anstatt in der passiven Opferrolle zu verharren.

Um Ängste zu definieren und zu benennen, ist unsere Achtsamkeit wieder einmal mehr gefragt. Wir spüren eine Angst, nehmen sie wahr und machen uns zunächst bewusst, dass wir nicht die Angst sind. Unser Ego möchte uns zu Handlungen bewegen, um diese Angst im Außen „wegzumachen", doch wir entscheiden uns nun bewusst dafür, erst einmal gar nichts zu tun.

Wir sehen die Angst als eine weitere Möglichkeit für uns, um ein Stück mehr zu uns selbst zu kommen, um so unsere Ego-Persönlichkeit aufzulösen. Der Weg zu unserer inneren Freiheit führt über unzählige solcher kleinen, scheinbar unbedeutenden Auflösungen.

Wir begreifen die Angst als etwas Künstliches, vom Ego erschaffen. Unser wahres Selbst kennt keine Angst, da es immer mit der göttlichen Quelle verbunden war und ist. Alles ist gut, so wie es ist.

Nur unser Ego möchte uns weismachen, dass es Menschen und Situationen gibt, die uns Angst machen. Es liegt in unserer eigenen Minderwertigkeit verborgen, dass unser Selbstwert zu gering zu sein scheint, um sich über Ängste zu erheben. Daher wird es immer wieder Dinge geben, die uns Angst machen. Es können Träume, Wahnvorstellungen von einer düsteren Zukunft sein, Krankheiten, die uns außer Kraft setzen, Geldverlust, Geldmangel oder Menschen, die uns scheinbar Böses wollen.

All das ist unserem Ego vollkommen egal, denn, wie bereits gesagt, es möchte uns nicht glücklich, sondern mit ihm beschäftigt sehen.

Atmen Sie daher einfach tief durch, wenn Sie eine Angst verspüren! Nehmen Sie eine bequeme Position ein, entspannen Sie sich! Nehmen Sie die Beklemmung wahr, die die Angst in Ihnen auslöst. Machen Sie sich die körperlichen Symptome bewusst, die Sie in sich spüren, wie z. B. Herzrasen, hoher Puls, Angstschweiß, nasse Hände, usw.

Dann beschließen Sie, in eine andere, höhere Bewusstseinsebene zu wechseln. Sie sind der Schöpfer Ihrer Umstände. Sie haben die Macht. Sie sind kein Opfer!

Atmen Sie ruhig weiter. Atmen Sie die Luft tief ein, verweilen Sie und lassen Sie dann beim Ausatmen all Ihren Schmerz, Ihre Verkrampfungen und Probleme los.

Atmen Sie alles hinaus. Sinken Sie tief in Ihr Herz, in Ihre Essenz, in Ihre Mitte.

Bleiben Sie immer achtsam. Sie sind nicht Ihre Angst! Ihre Angst sind Gedankenkonstrukte, von Ihrem Ego erschaffen! Irgendwelche dunklen Wolken, deren Inhalte aus Ihren alten Glaubensmustern entspringen, die Sie heute nicht mehr brauchen.

Machen Sie sich klar, dass Sie wählen können! Wollen Sie in Ihrem Ego-Denken bleiben, sich auf die Angst konzentrieren und in dieser Situation gefangen bleiben? Oder beschließen Sie, in Ihr Herz zu gehen, die Klarheit zu spüren und zu entscheiden, dass es keine Angst gibt?

Es kommt auf Ihre Entschlossenheit an. Auf Ihre Klarheit, mit der Sie Ihrem Ego vermitteln: Ich identifiziere mich nicht mit dieser Angst. Ich atme ruhig in meiner Mitte. Ich habe nichts zu verlieren.

So wählen Sie ganz einfach zwischen den beiden Möglichkeiten, so als ob Sie zwischen zwei Anfahrtswegen wählen würden, die Sie von A nach B bringen. Nehmen Sie die Autobahn oder die Landstraße?

Bleiben Sie in Ihrer entspannten Position, haben Sie keine Eile. Atmen Sie ruhig und langsam weiter. Ob Sie in Ihrem Herzen angekommen sind, merken Sie daran, wie Sie sich fühlen.

Hektisches Angetriebensein, innere Unruhe, Zweifel, Sorgen, Beklemmungen, Verkrampfungen nehmen ab, verschwinden sogar ganz. Eine angenehme Form der Ruhe und Besinnung stellt sich in Ihnen ein. Ihr Herz wird ruhig, Ihre Gedanken fließen, Sie vertrauen, und eine neue Klarheit stellt sich ein.

Sie können stolz auf sich sein! Sie haben es wieder einmal geschafft, Ihr Ego zu entkräften. Sie sind nicht in die Falle getappt, in einer sinnlosen Hektik und einem kopflosen Übereifer zu agieren, sondern Sie haben gar nichts gemacht. Sie haben sich hingesetzt oder hingelegt, die Angstgefühle zur Kenntnis genommen und beschlossen, diesmal eine andere Wahl zu treffen.

Diesmal haben Sie selbst Ihre Angst aufgelöst. Wie durch eine dunkelgraue Wolkenwand sind Sie gestiegen. Sie haben Angstballast abgeworfen, indem Sie Ihre Angstgedanken nicht geglaubt haben. Sie haben sich geweigert, dass die Angst Besitz von Ihnen ergreift.

Und nun spüren Sie, wie sich die schweren Wolken gelichtet haben, wie der Himmel über Ihnen immer schöner wird, in einem tiefen Blau erstrahlt und die Sonne Sie wärmend empfängt.

Das ist Ihr wahres Ich. Weit weg von mahnenden Ego-Strukturen.

Wenn Sie Angstattacken so begegnen, werden Sie spüren, wie sich Ihre Ängste immer mehr auflösen.

Und erst dann handeln Sie. Wenn Sie Klarheit und Eindeutigkeit in sich spüren. Wenn Sie intuitiv weitergehen möchten. Wenn es sich vollkommen leicht und freudig anfühlt, etwas zu tun.

Ego-Falle: Scheinbar in der Fülle zu sein

Unser Ego ist schlau, so schlau, dass es uns wirklich vormachen kann, es möchte auch gerne in der Fülle sein, wenn wir das unbedingt wollen.

Wenn Sie ab und zu die Situation erleben, dass Sie gerade in Ihre Fülle gegangen sind, Sie den Frieden und die Freude in sich spüren und sich aus dieser Haltung heraus an Ihre Alltagsaufgaben machen, sollten Sie auch hier wachsam sein.

Wann fallen Sie aus der Fülle heraus und rutschen wieder in Ihr Ego? Oft haben wir das Gefühl, aus unserem Herzen heraus zu handeln. Doch dann kommen wir unbewusst wieder in unser Ego.

Es ist ganz einfach: Wenn Sie den inneren Drang spüren, wieder etwas machen zu müssen, im Außen Ergebnisse bringen zu müssen, dann sind Sie schon wieder in Ihrer Ego-Stuktur.

Dann waren Sie nicht achtsam genug. Sie kamen zwar aus der Fülle heraus, ließen sich aber wieder ablenken. Und Ihr Ego hat gewonnen. Dies gehört am Anfang dazu. Sobald Sie nur noch auf ein Ziel hinarbeiten, den gegenwärtigen Moment nicht mehr wahrnehmen und etwas umsetzen wollen. Doch während Sie tätig sind, sollten Sie sich auf Ihre Gedanken konzentrieren.

Was ist Ihre echte Motivation, etwas zu tun? Was sagen Ihre Gedanken? Was fühlen Sie? Vergleichen Sie sich mit anderen? Wollen Sie möglichst schnell möglichst viel Geld verdienen? Wollen Sie erfolgreicher sein als andere? Kommt es Ihnen nur auf das supergute Ergebnis an? Brauchen Sie Aufmerksamkeit, Lob und Anerkennung von anderen, damit Sie sich besser fühlen?

Wichtig ist, dass man Fülle niemals als etwas Äußeres sehen sollte. Fülle geschieht, ist reines Sein und immer im Augenblick. Das ist der größte Unterschied zum Ego.

Der Glücksmanager wählt einen neuen Weg des Paradigmenwechsels

Bitte vergessen Sie nicht: Sie haben immer die Wahl. Und wenn Sie sich das nächste Mal wieder dabei ertappen, wie Sie einen Menschen oder eine Situation bewerten und verurteilen wollen, dann entscheiden Sie sich vielleicht einmal dafür, bewusst einen anderen Weg zu gehen. Sie fällen kein Urteil und bewerten die Dinge und Menschen nicht. Sie lassen alles so, wie es ist.

Bevor Sie in ein Streitgespräch hineingehen, um wieder einmal Recht haben zu wollen, überlegen Sie sich, dass es auch anders gehen kann.

Und schauen Sie mal, was Ihr Ego macht! Sofort kommt es mit klugen Argumenten und versucht, Sie vom Gegenteil zu überzeugen. Es wird

Ihnen vermitteln wollen, dass Sie unbedingt gewinnen müssen. Sonst sind Sie ein Verlierer oder ein jämmerlicher Versager.

Fragen Sie sich dann ganz bewusst: Möchte ich Recht haben oder möchte ich Erfüllung und Glück spüren?

Probieren Sie es aus, wie herrlich es sich anfühlt, wenn ein anderer sich die Zähne an Ihnen ausbeißt. Wenn Sie in sich diese Ruhe und Zufriedenheit spüren, weil es Ihnen nicht wichtig ist, Recht zu haben. Sie atmen entspannt und spüren, dass Sie authentisch sind. Dass Sie es ablehnen, eine weitere Ego-Rolle zu spielen.

Man kann Sie nicht provozieren. Sie wissen, dass alles im Außen eine Illusion ist. Sie bleiben in Ihrem Inneren und kommentieren nichts. Ihre Identität hängt nicht von einem Rechthaben ab. Sie brauchen den Konflikt nicht.

Sie bekommen dabei immer mehr Routine. Mit der Zeit werden Sie feststellen, dass Sie auch sehr gut ohne Urteile und Bewertungen leben können.

Sie können Menschen und Situationen einfach so lassen, wie sie sind. Denn Sie sind sich sicher, dass Sie das brauchen und haben, was Sie gerade sind.

Sie müssen nicht in den Ego-Kampf ziehen, um sich auf Kosten anderer Ihr Recht zu erkämpfen.

So werden Sie immer mehr zum Beobachter. Sie sehen, wie sich Menschen in Bewertungen und Urteilen verheddern und verwickeln. Ob im Business, in Beziehungen oder in Familien werden Sie sehen, dass es immer dasselbe Ego-Spiel ist, das Menschen zu Streit, Konflikten und hässlichen Auseinandersetzungen führt.

Also bleiben Sie in Zukunft bei sich. Sie handeln nicht im Außen. Sie achten auf Ihre eigenen Emotionen, die sich oft für Sie „negativ" bemerkbar machen: Wut, Zorn, Hass, Aggression, Ablehnung, sich rechtfertigen wollen und zurücktreten sind einige grundlegende Stimmungen, in die Sie kommen werden.

Doch Sie haben immer die Wahl: Ego-Persönlichkeit und Recht haben wollen oder gelassener, reiner Geist, der den anderen Menschen als einen Teil von sich selbst sieht, den zornigen Anteil in sich, den es zu heilen gilt.

Sie können den anderen beschuldigen und verurteilen. Sie können Ihre angestauten Ego-Emotionen frei ausleben, indem Sie zurückschreien, schmollen, beleidigt sind, verbal austeilen oder Lebenssituationen den Kampf ansagen und sinnlos Energie verschleudern. Oder Sie bleiben einfach bei sich, handeln nicht und spüren sich selbst in Ihrem Inneren.

Sie gehen ganz bewusst in Ihr Herz, atmen tief und ruhig und beschließen, den anderen Weg zu wählen.

Sie lösen die negativen Emotionen nach und nach auf, tragen die lähmenden Energieblockaden ab und bringen neue, lebendige Energie zum Fließen, anstatt sich in Kämpfen und Auseinandersetzungen zu verzetteln.

Dies ist wiederum der Quantensprung, wo Sie sich wieder einmal mehr von Ihrem Ego, Ihrem Verstand lösen. Es ist wieder genau der eine Millimeter, zu dem Sie sich immer entscheiden können. Sie haben immer die Wahl: Persönliche Freiheit oder Ego-Begrenzung auf Kosten anderer.

Sie machen sich als Glücksmanager immer wieder klar, dass Ihre Urteile und Bewertungen aus alten Glaubenssätzen herrühren, die heute vollkommen sinnlos und behindernd für Ihre Entwicklung sind. Diese alten, fest verankerten Datenautobahnen in Ihrem Gehirn können Sie heute durch viel bessere, modernere und effizientere ersetzen!

Hier zeigt die Hirnforschung unglaubliche Ergebnisse. Bis ins hohe Alter hinein hat jeder von uns die Chance, neue Datenverbindungen in seinem Gehirn zu etablieren.

Wenn Sie das alte Ego-Denken immer mehr vernachlässigen, wenn Sie neue Denkstrukturen anlegen und diese ständig wiederholen, werden die alten Denkstrukturen „austrocknen und stillgelegt".

Sie werden immer mehr die neuen, besseren Datenstraßen benutzen, die aus Ihrem wahren Selbst kommen. Und so werfen Sie immer mehr alten Ballast ab. Sie erzielen bessere Ergebnisse, kommen schneller voran und führen Beziehungen, die inspirieren und bewusst machen.

Wie Einstein schon sagte, spüren Sie immer mehr:

„Die äußere Realität ist eine Illusion. Aber eine sehr hartnäckige."

Ihr Ego wird genau das tun, was viele Wissenschaftler schon immer zu spüren bekommen haben (denken Sie bitte an Newton, Galilei, Einstein und andere), die tradierte, jahrhundertealte Denkmuster über den Haufen geworfen haben: Es wird sich gegen Ihre Entscheidung sträuben und sie boykottieren.

Jedes Mal, wenn die Menschheit einen großen Schritt nach vorne geht, gibt es die große Masse, die dafür (noch) nicht bereit ist. Das war zu allen Zeiten so. Ob es die Kirchen und Religionen sind, Gesellschaftsformen und Politik, bestimmte Geisteshaltungen und Denkmuster. Immer wurden Menschen verfolgt, gefoltert und getötet, wenn die Masse mit dem neuen Denken und Forschen überfordert war.

Doch durch die Quantenheilung wurden Quantensprünge vollzogen. Und es sind auch heute noch wenige, die dies wirklich begriffen haben.

Ich bin fest davon überzeugt, dass die Jahrtausendwende eines Tages als Zeitpunkt für einen grundlegenden Paradigmenwechsel genannt werden wird. Noch haben die meisten Menschen die Veränderung nicht erkannt.

Doch schon längst hat eine neue Zeit der Transformation begonnen.

Wenn Sie sich dazu entscheiden, Transformation in sich selbst einfach geschehen zu lassen, sich dem wahren Selbst anzuvertrauen, anstatt sich vom Ego kontrollieren und manipulieren zu lassen, dann sind Sie dabei.

Dann werden Sie keine Probleme mehr im Äußeren sehen, weil es keine Probleme gibt. Denn Sie wissen: Ihr Ego erzeugt Probleme, weil es Sie immer beschäftigen möchte. Denn Ihr Ego weiß ganz genau, so lange Sie mit Problemen beschäftigt sind, wird es überleben. Und genau darum geht es Ihrem Ego.

Es ist ihm egal, ob Sie glücklich sind oder nicht. Es liegt ihm nur daran, Sie beschäftigt zu halten. Denn so lange sind sein Fortbestand und seine Existenz gesichert.

Das neue Denken und Interpretieren über das begrenzte Ego und den Verstand hinaus ist der Paradigmenwechsel.

Dies ist eine echte Aufgabe. Für viele scheint es noch zu früh zu sein. Sie bleiben immer wieder in den raffinierten Ego-Fallen gefangen und schaffen es nicht, sich zu befreien.

Doch Sie haben die Wahl und die Chance: Sind Sie bei den Pionieren, und versuchen Sie es wenigstens oder lassen Sie sich weiterhin in Ihrer persönlichen Freiheit einschränken und begrenzen?

Sie schwächen durch Ihr neues Denken, Fühlen und Handeln Ihr Ego immer mehr. Sie brauchen die alten Denkmuster nicht mehr. Sie kreieren Hochleistungsdenkmuster, die bessere persönliche Ergebnisse erzielen, Ihre Kreativität steigern und Ihnen das gute Gefühl vermitteln, von Situationen und Menschen unabhängig in Freiheit agieren zu können.

Und genau das führt zu Erfüllung, Glück und einem Höchstmaß an Lebensqualität.

Kapitel 3:
Das Resonanzgesetz

Verfolgen wir den Gedanken weiter, dass jeder von uns quasi aus zwei Einheiten besteht: Zum einen aus der künstlichen Ego-Persönlichkeit, bestehend aus Verstand und Gedanken, alten Glaubenssätzen und Denkstrukturen, kurz unserem „falschen Selbst", das in der Dualität und Trennung begründet ist. Zum anderen aus dem reinen Geist, dem Sein, dem wahren, echten Selbst.

Dann können wir gut nachvollziehen, dass wir täglich mit inneren Konflikten und Kämpfen zu tun haben, die uns das Leben schwer, wenn nicht sogar zeitweise unerträglich machen.

Ständig erscheinen neue Herausforderungen, Prüfungen und Probleme. Wir erklären uns gegenseitig, dass das Leben ein Kampf ist mit unzähligen Mutproben, die es täglich zu bestehen gilt.

Wie wäre es nun, wenn wir nur einmal annehmen würden, dass unser Ego eine reine Wahnvorstellung wäre? Dass die Menschen zwar seit Tausenden von Jahren unter ihrem Ego leiden, es jedoch kein Ego gibt?

Das Ego hat nur ein Ziel: Es möchte überleben. Es scheut unseren reinen Geist, bei dem es keine Probleme gibt. Denn Probleme sind die Illusion unseres Egos.

Unser wahres Selbst kann sich zwei Existenzen nicht vorstellen, denn es gibt seiner Meinung nach immer nur den reinen Geist, der immer mit der göttlichen Quelle verbunden ist.

Also bestand und besteht die Aufgabe unseres Egos darin, uns einzureden, dass es die Trennung in uns und von anderen gibt.

So projizieren wir unsere Gedanken, Erwartungen und Ansprüche hinaus in die Welt. Wir haben kein Bewusstsein dafür, wie wir handeln, denn die Trennung ist tief in uns verankert.

Unbewusst leben wir in der Welt der Dualität in einer Welt des Mangels und der Probleme, Krankheiten und Herausforderungen.

Das Universum entstand mit dem Urknall. Unbeschreiblich große Energien stoben wild in alle Richtungen auseinander. Energieformen zogen sich an oder stießen sich ab. Aus subatomaren Teilchen wurden Atome. Diese Atome bildeten Moleküle. Es entstanden Sonnen, Sonnensysteme, Planeten und als kurzer, schnellvergänglicher Höhepunkt: Leben.

Wir leben also in einem energetischen Universum. Unser reiner Geist lebt eine Existenz im Bewusstsein von natürlicher Fülle, wie sie in der Natur vorhanden ist, grundloser, fast kindlicher Freude, einem stabilen inneren Frieden, der sich in Zufriedenheit mit sich und dem eigenen Leben ausdrückt und Lebensfreude, die sich wiederum in Kreativität ausdrückt.

Durch die künstliche Ego-Persönlichkeit, das falsche Selbst, kamen wir in einen Zustand der Trennung, der uns Angst macht, uns zu Schuldigen werden lässt („Ich bin schuld, dass ich nicht glücklich sein kann"). Er beschert uns eine Welt voller Probleme, um deren Lösung Milliarden von Menschen sich jeden Tag bemühen.

Nach außen projizierte Gedanken verunreinigen als Gedankenmüll unsere Umwelt. Wir leben in einer scheinbaren Realität aus Emotionen, Gedanken und Handlungsmustern, die uns die jeweilige Gesellschaft, Religion und Kultur lehrt und zu der wir uns mehr oder weniger bekennen.

Höhere Institutionen überwachen das Ego-Konstrukt. Wichtigere und scheinbar bedeutendere Menschen wachen über scheinbar unbedeutendere. Mächtige Menschen üben ihre scheinbare Macht über machtlose Menschen (Opfer) aus. Strafen und Sanktionen halten die Ego-Maßnahmen am Laufen und Bestehen.

Regierungen und politische Systeme entscheiden über Bildung, soziales Miteinander und gesellschaftliches Funktionieren, wobei das entsprechende Ego immer im Vordergrund steht und darauf achtet, nicht zu kurz zu kommen.

Dies alles funktioniert so seit Abertausenden von Jahren mehr oder weniger gut. Was mich dabei verblüfft, ist die funktionierende Resonanz, mit der auch wir jeden Tag unsere scheinbare Realität erschaffen und leben.

Wenn die Menschen mir von ihren Erlebnissen erzählen, von Zufällen und Ereignissen, die sich anscheinend einfach so zugetragen haben, dann kommt an dieser Stelle immer das Resonanzgesetz ins Spiel.

Als Kinder bekamen wir Glaubenssätze als Prägungen und Sozialisierungen vermittelt, die auf Trennung, Angst, Schuld, Mangel, Minderwertigkeit und Dualität begründet sind. Aus dieser Illusion heraus erschafft unsere Ego-Persönlichkeit täglich unsere Realität.

Ganz egal, ob wir es Schicksal, Karma oder Zufall nennen, wir geben Situationen, Menschen und Problemen die Schuld daran, dass wir uns in alten Vergangenheitsmustern und drohenden Zukunftsvisionen verstricken.

Jeder von uns hat anscheinend seinen Berg von Herausforderungen zu lösen, um dann – irgendwann – etwas Besseres verdient zu haben. Und doch sind wir alle Spiegel unserer Egos.

Beziehungsprobleme, finanzielle und gesundheitliche Probleme sind aus unserem Ego heraus entstanden. Sie spiegeln unsere kollektive Unsicherheit, Angst und Schuld.

Machen wir uns nun klar, dass jeder einzelne Gedanke, den wir denken (und wir denken täglich hunderttausende …!) Energie auf einer bestimmten Schwingungsfrequenz darstellt. Dann können wir begreifen, dass wir ununterbrochen mit dem Universum in Verbindung sind und mit ihm in einer permanenten Kommunikation stehen.

Jedes Gefühl erzeugt bestimmte Schwingungen, genauso wie jede molekulare Bewegung unseres Körpers. Daraus entsteht unser Schwingungsfeld. In jedem einzelnen Moment strahlen wir dieses hinaus ins Universum.

Stellen Sie sich einen Laserstrahl vor, der in den Nachthimmel hinein-leuchtet. Genauso sendet Ihr Schwingungsfeld unaufhörlich auf einer von Ihnen definierten unbewussten Schwingungsfrequenz Energie ins Universum.

Genau wie wir die Schwerkraft nicht hinterfragen oder anzweifeln, soll-ten wir auch das Gesetz der Resonanz und seine Wirksamkeit als eine grundlegende energetische Gesetzmäßigkeit anerkennen.

Das Resonanzgesetz sagt im Kern aus, dass sich gleiche oder ähnliche Schwingungen anziehen. Gehen wir nun davon aus, dass unser Körper genau wie das Universum aus Molekülen, subatomaren Teilchen und Atomen besteht, dann können wir nachvollziehen, dass unser Körper eine Schwingung ausstrahlt und daher entsprechende Energien aus dem Universum anzieht.

Jeder Gedanke, jedes Gefühl oder jede Emotion sind verschiedene Schwingungsebenen, die wir ständig in jedem Augenblick ausstrahlen und die sich im Universum als Energiefeld entfalten.

Schauen wir das Gefühl der Angst und des Sich-Sorgens an, so stellen wir fest, dass sich diese entsprechende Schwingung aus der Angst her-aus zuerst auf unsere Zellen und deren biochemische Abläufe auswirkt. Dann zieht sie durch uns hindurch in die Welt hinaus, um dort die Situ-ationen, Menschen und Dinge in unser Leben zu ziehen, die genau zu diesem Angstgefühl passen.

Die sich selbst erfüllende Prophezeiung kennen Sie alle. Genau darauf baut SFM auf. Denn wir haben die Möglichkeit, ganz bewusst unsere Schwingungsfrequenzen zu verändern, zu erhöhen und somit andere, viel bessere Ergebnisse zu erzielen.

Ist unsere Energie optimal im Fluss, erleben wir dies als Gesundheit, Inspiration, Kreativität, Lebensfreude, in angenehmen Beziehungen, fi-nanzieller Fülle und Zufriedenheit in unserem Inneren und Äußeren. Stagniert unsere Energie, sind also Energieblockaden vorhanden, sehen wir das Resultat in Krankheiten, inneren und äußeren Konflikten, an-strengenden Beziehungen und Geldmangel.

Wir können also sagen, dass jedes vermeintliche Problem im Außen ein spezieller Ausdruck einer inneren Energieblockade ist. Also gilt es, bei jeder Energieblockade so schnell wie möglich innezuhalten, in sein Herz zu gehen und so den Energiefluss wieder in Gang zu bringen.

Es ist absolut ineffektiv, bei einer Energieblockade krampfhaft zu versuchen, die anscheinenden Probleme im Außen lösen zu wollen und in einen blinden Aktionismus zu verfallen. Viel effizienter ist es, bei sich zu bleiben, in die eigene Essenz zu gehen, die eigene Fülle wahrzunehmen und die blockierte Energie zum Fließen zu bringen. Das verbessert wiederum unser Schwingungsfeld, aus dem wir senden.

Quantenphysikalisch betrachtet ist unser Körper ein Energiefeld, das sich ständig verändert. Jeder einzelne Gedanke, jedes Gefühl, wie Angst, Mangel, Minderwertigkeit und jede biochemische Reaktion in unseren Zellen beeinflusst dieses Energiefeld permanent. Also sollten wir unsere Probleme nicht auf der physischen Ebene bekämpfen.

Unsere augenblickliche Ausstrahlung der Fülle oder des Mangels zieht immer genau die äußeren Umstände an, die mit ihr harmonieren. Also wird eine Realität, die wir als Mangel wahrnehmen, uns auch die Ergebnisse bereithalten, die uns diesen Mangel bestätigen.

Unsere innere Wirklichkeit zeigt sich in unserer äußeren Realität, also in den Situationen, in denen wir uns täglich wiederfinden, in den zwischenmenschlichen Beziehungen, die uns belasten oder beflügeln und in all den Umständen, die wir als unser Leben wahrnehmen.

Und dies geschieht mit derselben Sicherheit, wie die Schwerkraft wirkt. Ob wir es so haben wollen oder nicht. Ob wir daran glauben oder nicht.

In jeder Sekunde, in der wir agieren, bekommen wir neue Daten und Informationen, die wir unbewusst bewerten und beurteilen. Wir machen uns unsere Gedanken dazu, spüren unsere Emotionen daraufhin und senden eine dazu entsprechende Energie aus. Dies alles passiert nahezu unbewusst. Da wir nun die Wahl haben, können wir auch hier wieder eine bewusste Entscheidung treffen.

Lassen wir das Resonanzgesetz unbewusst wirken, bleiben wir passive Opfer oder sind wir Schöpfer unserer Realität und nutzen die Möglichkeit, unsere Schwingungsebene in jedem Augenblick beeinflussen zu können?

Wir sollten uns immer wieder verdeutlichen, dass wir die Dualität im Alltag aufheben können. Wir können uns aus der Illusion der Probleme befreien und unsere Bestimmung, nämlich ein Leben in Fülle und Klarheit zu führen, wahr machen.

Wir können uns in jedem Moment entscheiden: Lebe ich meine Ego-Persönlichkeit oder bin ich in der Bewusstheit, dass ich in meinem wahren Selbst reine Liebe bin und dafür nicht erst etwas leisten oder etwas Bestimmtes sein muss.

Seien Sie sich sicher, dass Sie dem Leben vertrauen können. Sie werden unterstützt! Wenn Sie in Ihrem Energiefluss der Resonanz sind, kommt alles auf Sie zu, was Sie zur Umsetzung Ihrer Lebensbestimmung brauchen. Das Universum weiß genau, was und wann Sie etwas brauchen. Lassen Sie den Dingen Ihren Lauf!

Testen Sie sich! Betrachten Sie sich von außen. Wie beschreiben Sie in diesem Moment Ihr Befinden? Sind Sie voller Leichtigkeit, Freude, Zuversicht, Mitgefühl, Verbundenheit, Toleranz, Frieden, Zufriedenheit, Erfülltheit, Sinnhaftigkeit, Harmonie und Liebe? Oder fühlen Sie sich gehetzt, gestresst, unter Druck gesetzt, unmotiviert, erschöpft, antriebslos, aggressiv, schuldig, voller Sorgen oder Trauer?

Immer, wenn Sie bemerken, dass Sie wieder einmal in der Ego-Falle stecken, sollten Sie sofort beginnen, diese krank machende Energie-Blockade aufzulösen. Wählen Sie die Übung im Anhang des Buches, um sich aus der Ego-Verstrickung zu lösen, in Ihr Herz zu kommen und mit Hilfe von SFM die Energie wieder in den optimalen Fluss zu bringen.

Unser Ego hat auch bei unserem Energiefluss seine eigenen Gesetze. Es gönnt uns die Lebensfreude nicht, die sich automatisch einstellt, wenn wir in bester energetischer Schwingung sind. Das Ego möchte uns weismachen, dass wir nicht einfach so fröhlich sein dürfen, wie es in unserem Inneren entsteht.

Vielmehr soll Freude ein von außen zu uns kommendes Ereignis sein, das wir fühlen dürfen, wenn es einen Grund dafür gibt. Zum Beispiel, weil wir ein neues Auto bekommen haben, oder eine Gehaltserhöhung oder einen tollen, neuen Job mit großen Karrierechancen oder ein neues Büro in der obersten Etage oder weil wir im Lotto gewonnen haben, bald in den Urlaub fahren oder auf einer tollen Party sind ...

Dies ist auch der Grund dafür, dass wir zu einer oberflächlichen Spaßgesellschaft mutiert sind, die sich zu Tode bespaßt in Erlebnisparks, Kinos und sonstigen Fun-Centern.

Die eigene innere Lebensfreude braucht keinen Spaßdirektor. Sie erwächst aus einem eigenen Gefühl der Fülle heraus. Sie ist tiefgründig und nährend. Sie ist tief empfundene Freude, reines Glück und Zufriedenheit.

Das Spiegelgesetz

Wenn Sie morgens vor Ihrem Spiegelbild stehen, sich aus einem zerknitterten Gesicht in die verschlafenen Augen schauen und wieder einmal feststellen, dass das Leben viel zu anstrengend für Sie ist, dann bringt es Ihnen nichts, wenn Sie mit der Faust in den Spiegel schlagen, in der Hoffnung, dass sich Ihr Spiegelbild verändert.

Die Realität schaut leider so aus, dass wir uns verändern müssen, wenn wir eine dauerhafte Verbesserung in unserem Leben anstreben. Denn wenn ich mich verändere, verändert sich zwangsläufig auch mein Spiegelbild.

Das klingt so banal und einfach, dass es wohl jedem einleuchtet.

Und doch verhalten wir uns im Alltag wie kleine, störrische Kinder, die den Partner verändern wollen, den Chef, die Kollegen, das Wetter, die Wirtschaft, und und und ...

Es sind immer die Situationen und die Menschen da draußen, die uns das Leben schwer machen. So kommt es, dass wir uns als Opfer fühlen, jammern und wehklagen, wenn unsere Veränderungsbemühungen wieder einmal fehlschlagen.

Wir sollten erkennen, dass alles, was im Außen geschieht, eine Mitteilung für uns sein soll. Dies soll uns zeigen, wo wir uns im Inneren verändern sollen.

Jeder Mensch, jede Situation in unserem Leben hält uns sozusagen einen Spiegel vor: Denn alles, was wir „da draußen" sehen und erleben, ist ein Teil von uns. Was wir an anderen bewundern, möchten wir selbst so gut hinbekommen. Was wir an anderen verurteilen und ablehnen, lehnen wir an uns selbst ab.

Nutzen Sie jeden Tag die unzähligen Spiegel in Ihrem Leben, um die Chance auf Veränderung an sich selbst umzusetzen.

Kapitel 4:
Ein Leben im Mangel

Was genau ist Mangel? Wir kennen im Alltag Geld- und Zeitmangel, einen Mangel an Gefühlen im zwischenmenschlichen Bereich, einen Mangel an Kompetenz, Mangel an Ideen und Ressourcen und dergleichen mehr.

Wenn ich an dieser Stelle jedoch ein „Leben im Mangel" anspreche, dann meine ich damit auch einen mentalen und emotionalen Mangelzustand. Den meisten Menschen ist der eigene Mangel überhaupt nicht bewusst.

Lassen Sie uns ein Beispiel anschauen: Jochen H. wächst als ältester Sohn in seiner Familie auf. Seit jeher fühlt er sich unter Druck. Sein Vater erwartet, dass Jochen eines Tages die große und renommierte Rechtsanwaltskanzlei übernehmen wird. Das lässt er ihn immer wieder spüren.

So ist Jochens Weg von Kindheit an klar vorgegeben. Er hat wenig Spielraum, sein eigenes Leben zu gestalten. Die große Erwartungshaltung seines Vaters schwebt ständig über ihm.

Jochen fühlt sich minderwertig, er weiß, dass er den Ansprüchen seines Vaters genügen soll. Er versucht diese Minderwertigkeit in einem Übereifer zu kompensieren, indem er das beste Abitur macht und danach in Rekordzeit sein Studium absolviert.

Nachdem er die Kanzlei seines Vaters vier Jahre lang geleitet hat, bekommt Jochen H. starke Symptome eines Burnout-Syndroms. Niemand kann sich die heftigen Symptome erklären. Jochen H. war immer ein kontrollierter, strategischer Mann, der sein Leben plante und Ziele in einem vorgegebenen Zeitrahmen realisierte.

Jochen H. verdiente gutes Geld, hatte einen renommierten Job, eine Familie, und doch lebte er ein Leben in großem Mangel.

Wenn wir uns als Individuen näher betrachten, erkennen wir, dass wir auf physischer Ebene einen Körper darstellen, dem Emotionen und

Gedankenstrukturen angeschlossen sind. Dieser Körper, der unablässig Gedanken denkt und Emotionen fühlt, hat einen Namen, einen Beruf und ein Weltbild, nach dem er sein Leben lebt.

Das Weltbild sind all seine Prägungen, Glaubenssätze, Urteile, Bewertungen und Denkmuster aus seiner Vergangenheit. Aus diesem Weltbild heraus erschafft er seine Realität immer wieder.

Diese Persönlichkeitsstruktur ist das Instrument, wodurch die Seele wirkt. Die Seele hat sich ganz bewusst dieses Leben, diesen Körper ausgesucht, um bestimmte Dinge zu lernen und zu verstehen.

Sind wir mit unserem Seelenplan im Einklang und handeln unserem Lebensplan entsprechend, ist unser Leben im Fluss. Die richtigen Dinge geschehen zur richtigen Zeit, die richtigen Menschen und Situationen sind dann zur Stelle, wenn man sie braucht. In diesem tiefen Einklang erlebt die Person tiefe innere Befriedigung.

Die unglaubliche Zunahme von psychischen Erkrankungen möchte uns zeigen, dass immer mehr Menschen den eigenen Lebensplan in keinster Weise leben, ja ihn noch nicht einmal im Ansatz kennen.

Die meisten Menschen leben in einem dauerhaften Zustand tiefer Unbewusstheit und Trennung. Sie sabotieren sich selbst immer wieder aus Angst vor dem Unbekannten. Das Ego achtet sorgsam darauf, dass die Angst, zu Schaden zu kommen, wenn man sich auf die Reise in das innere Ich macht, immer latent vorhanden ist.

Unser wahres Ich kennt keinen Mangel. Jenseits vom Tun und Machen und dem Erreichen von vorgegebenen Zielen wartet ein Zustand des reinen Seins auf uns. Dieser Zustand möchte keine Probleme lösen, wie das Ego es ständig möchte. Denn im reinen Sein gibt es keine Probleme mehr.

In unserem Geist herrscht grundlose Freude, grenzenloser Frieden, bedingungslose Liebe und eine wunderbare, fast kindliche Leichtigkeit.

Jenseits des Mangels gibt es keine Abhängigkeiten von Dingen und Menschen, denn alle sind eins. Die Menschen haben eine große Freude daran zu schauen, wie und wodurch sie anderen helfen und nützen können. Sie fragen sich, bevor sie aktiv werden: „Was kann ich für die anderen tun? Wo kann ich mich einbringen? Wem nützen meine Erfahrung und mein Wissen?"

Unser weitverbreiteter Gedanke: „Und was springt für mich dabei raus, wenn ich das tue?" entspringt dem Mangel in uns. Wir wollen immer etwas dafür haben, wenn wir aktiv werden. Der Geist des Dienens ist uns abhanden gekommen. Dabei macht es unsagbar glücklich, wenn man anderen dienen kann.

Unser Mangeldenken entspricht den Ego-Emotionen Schuld, Angst und Aggression. Wir fühlen uns schuldig, weil wir nicht so sind, wie wir gerne sein wollen. Wir studieren, buckeln uns die Karriereleiter hoch, setzen uns durch, lassen andere hinter uns, um unsere eigene Minderwertigkeit zu kompensieren.

Unser wackliger Selbstwert muss täglich neu bestätigt werden. Da wir uns als getrennt von den anderen empfinden, sind die Erscheinungsformen des Mangels sehr mannigfaltig: Der eine muss eine Schuld abtragen und verschuldet sich bis über beide Ohren. Ein anderer versucht, alles und jeden zu kontrollieren, da er kein Vertrauen in sich und die Welt hat. Wieder ein anderer ist im Habenwollen gefangen. Wieder ein anderer hat ein unersättlich großes Verlangen nach mehr. Wieder ein anderer hat schlimme Schuldgefühle und ständig ein schlechtes Gewissen, wenn er sich seinem eigenen Lebensweg zuwendet.

Wir müssen daher immer besser sein als andere, schöner, erfolgreicher, klüger, talentierter und cleverer, um den ständigen Mangel zu bekämpfen. Schauen Sie sich einmal an, wie erfinderisch unser Ego ist, wenn es immer neuen Mangel erschafft:

- Es erfindet ständig neue Probleme, die wir anscheinend lösen müssen.

- Es bringt uns dazu, uns am laufenden Band zu überfordern, weil uns unser Mangeldenken ständig anpeitscht.

- Es erschafft Emotionen, die uns quälen und hindern (Sorge, Gier, Missgunst, Neid, Zynismus, Druck, Zwang, Recht haben wollen, Vergleichen müssen).

Aufgrund von unzähligen falschen Glaubenssätzen und alten Denkmustern auf der mentalen Ebene handeln wir entsprechend den Vorstellungen unseres Egos. Es bleiben Zweifel, Leere, innere Unruhe und noch mehr Probleme, was wiederum zu noch mehr Leid, Schmerz, Misserfolg und Unglück führt.

Und dies gilt im Großen wie im Kleinen. Ego-Strukturen funktionieren in Schulklassen genauso wie in Familien, Unternehmen, Vereinen und Verbänden. Wenn wir in unserer Gesellschaft etwas zum Guten verändern möchten, dann sollten wir zuerst uns selbst ändern. Solange wir aus unserer Ego-Persönlichkeit heraus handeln und im Außen nach Lösungen suchen, bleiben wir in der Dualität verhaftet.

Wir bringen Leistung unter dem Druck, uns von den anderen abzuheben oder etwas Besseres zu sein, mehr Geld zu verdienen, Titel zu bekommen und Besitz, Macht und Status anzuhäufen. Wir erleben immer wieder Wut, Enttäuschung, Schmerz, Angst, Mangel, Abhängigkeiten, Ohnmacht und Minderwertigkeit, Kontrolle und Manipulation.

Wir erschaffen uns eine Realität und eine Welt, die kalt und hart ist. Unsere Sinnesorgane bekommen Inputs von außen, die unser Gehirn aufgrund seiner Erfahrungen und Prägungen auswertet. Wir bewerten und urteilen:

- „Die da oben sind faul."
- „Die Politiker schaffen alles in die eigene Tasche."
- „Lehrer haben das ganze Jahr Ferien."
- „Die in der Produktion haben alle zu viel Zeit."
- „Die Jugendlichen von heute saufen nur noch und schlagen die Zeit tot."

Die Identifikation mit dem Verstand, also dem Ego, ist eine schlimme Zwangsneurose, unter der die gesamte Menschheit leidet. Jede Ego-

Persönlichkeit erschafft in jeder Sekunde eine Scheinrealität. Wir projizieren unendlich viele Gedanken in ein energiegeladenes Universum.

Da die meisten Gedanken aus einem Mangeldenken heraus geboren werden, erleben wir ständig unsere Realität als Spiegelung dieser unbewussten Projektionen. Wir durchschauen dieses Spiel nur leider nicht, im Gegenteil, wir verstärken den Mangel noch, indem wir immer ängstlichere und sorgenvollere Gedanken denken, die uns eine noch angstvollere Realität bescheren.

So kommt es zu immer größeren Energieblockaden. In uns selbst und natürlich auch in unserer unmittelbaren Umwelt. Wir empfinden uns immer mehr als Opfer der Umstände, machtlos und unfähig, die Dinge zu verändern.

So erleben wir immer häufiger Mangelzustände, die aus dem eigenen Ego-Denken heraus geboren werden und sich in uns als Krankheit manifestieren. Verkrampfte Muskeln, verspannte Schultern, Rückenleiden, psychosomatische Erkrankungen drücken unseren Mangel auf der körperlichen Ebene aus, um uns wachzurütteln: Hey, schaut her! Da läuft etwas vollkommen falsch!

Doch wir trampeln auf unseren ausgetretenen Ego-Pfaden immer weiter, den Blick starr nach unten gerichtet. Wir projizieren unsere Seelennot auf andere, was zu komplizierten Beziehungen und Missverständnissen führt. Denn die anderen projizieren ihre Glaubensmuster und Gedanken auf uns.

Leider lebt die Mehrzahl von uns ein recht unbewusstes Leben, eben vom Ego dominiert. Das Ego erzeugt in unserer Welt im Außen ständig neue Herausforderungen und Aufgaben. Wir rennen wie blind in einem sich immer schneller drehenden Hamsterrad unserer Scheinrealität hinterher. Wir kommen immer mehr außer Atem, werden immer oberflächlicher, haben kaum noch Zeit für uns, fühlen uns immer schlechter und begreifen nicht, dass nur wir diesen Mechanismus stoppen können.

Es gibt so viele anscheinend sehr erfolgreiche Menschen unter uns, die von sich behaupten, es liefe doch alles bestens, sie können nicht klagen.

Sie fühlen sich gut, verdienen gutes Geld und sind mit sich zufrieden. Doch auch dies sind wiederum Ego-Fallen. Das Ego ist sehr bemüht darum, uns in der Komfortzone festzuhalten und zu binden, damit wir nicht auf „dumme Ideen" kommen und uns unserem wahren Ich zuwenden.

Die meisten von uns denken, sie müssten die Welt da draußen kontrollieren und manipulieren, um ihre Ziele zu erreichen. Erst danach könnten sie irgendwie glücklich werden – doch auch das ist eine bewährte Ego-Falle.

Das Ego beschäftigt uns unerlässlich. Entweder sind wir dabei, Probleme zu lösen, zu urteilen, zu bewerten, oder wir wähnen uns in Wohlstand und Sicherheit und bekommen gar nicht mit, dass wir Opfer der Umstände sind. Erst wenn wir die Mechanismen des Egos durchschauen und uns von der Welt der Illusionen befreien, haben wir die Möglichkeit, anders zu handeln.

Nach dem Resonanz- und dem Spiegelgesetz wissen wir, dass wir uns verändern müssen, wenn wir unsere Realität verändern möchten. Also müssen wir die Energie, sprich die Gedanken und Emotionen, die wir ausstrahlen, verändern.

Dies möchte ich Ihnen gerne vermitteln, denn solange vieles in uns unbewusst und automatisch abläuft, kennen wir die Alternativen nicht. Wir haben keine Kontrolle darüber. Wir kennen nicht die Macht, die wir haben. Wir können uns nicht vorstellen, der Schöpfer unserer Realität zu sein. Und wir können uns nicht vorstellen, dass wir die Ego-Sklaverei beenden und verlassen können. Jetzt! Sofort!

In der Dualität sind wir verunsichert und können uns nicht vorstellen, dass wir tatsächlich die Dinge kontrollieren könnten, die unser Leben beeinflussen. Durch unsere fest in uns verankerten Glaubenssätze und Denkmuster gelingt es uns nicht, aus unserer begrenzten Perspektive zu erkennen, dass wir unser Weltbild tatsächlich verändern und prägen können.

Diese menschliche Opferhaltung macht uns klein und hilflos – egal ob diese Einstellung religiösen, wirtschaftlichen oder philosophischen Grundsätzen entspringt.

Doch unsere äußere Welt ist der Spiegel unseres Inneren. Somit sind unsere Gedanken, Emotionen und körperlichen Zustände ein Energiefeld, welches wir in die Welt hinausstrahlen. Demnach ziehen wir im Außen Menschen, Dinge und Situationen an, die uns spiegeln, was wir zuvor ausgestrahlt haben.

So gesehen gibt es keine „zufällige" Realität, denn wir sind tatsächlich der Schöpfer unserer Welt. Dies ist den meisten nicht bewusst. Und, was noch erwähnenswert ist, es gibt kein „Außen". Wir waren und sind immer eins mit unserer Quelle, unserem Gott, wahren Selbst, dem reinen Sein. Es gab niemals eine Trennung und eine Welt, die da draußen stattfindet.

Zwar sind wir unbewusst und gehen davon aus, dass unzählige Individuen von sich getrennt existieren. Wir glauben also an Trennung, weil wir uns mit unserem falschen Selbst, unserer Ego-Persönlichkeit identifizieren. Und doch ist es nicht real. Dies ist eine der größten Täuschungen des Egos. Unsere Glaubenssätze und Gedanken sind auf Trennung ausgerichtet, daher haben wir Angst und empfinden die Welt „da draußen" als Bedrohung. Und doch ist in Wahrheit jeder Mensch ein Spiegel, ein Teil von uns.

Wir Menschen werden immer klarer und bewusster werden. Die Anzahl derjenigen, die sich auf eine höhere Bewusstseinsebene, weg von derzeit vorherrschenden Ego-Strukturen, hinbewegen, wird stetig zunehmen.

Ein erster Schritt heraus aus dem Mangeldenken, das uns unser Ego immer wieder als die einzige Lebensform schmackhaft machen möchte, ist eine kontinuierliche Arbeit an den Grundthemen: Trennung, Ängste (Verlust-, Versagens-, Konkurrenzangst), Schuldzuweisungen, Schuldhaftigkeit aufgrund von Glaubenssätzen und Denkmustern, unser Verhalten im Zusammenhang mit Aggressionen, Wut und Trauer.

Wir sollten dazu bewusst als Beobachter unseres Verstandes agieren. So heben wir die Identifikation mit dem Ego auf. Wir sind nicht mehr unsere Gedanken, Emotionen und unser Verstand. Wir beobachten nur noch. Aufmerksam und wach, mit einer durchdringenden Klarheit.

Im Übrigen stecken wir immer wieder im Mangeldenken fest, weil wir uns vergewissern möchten, dass wir in Sicherheit sind. Da wir der Welt und den anderen nicht trauen, sind wir meist vorsichtig. Wie verängstigte, kleine Kinder suchen wir Sicherheit in einem gefüllten Bankkonto, einem vermeintlich „sicheren" Job oder einer „sicheren" Partnerschaft mit unserem Traumpartner, dem unser Glück ein Leben lang am Herzen liegen sollte.

Uns ist nicht bewusst, dass wir in unserer Essenz immer Sicherheit haben. Tief in unserem Herzen gibt es keinerlei Mangel. Daher sollten wir erkennen, dass alle Sicherheiten und Probleme ein Konstrukt unseres Egos sind, die die Bindung an unsere Ego-Persönlichkeit stärken sollen. Immer wieder sollten wir uns daher fragen: Bin ich gerade im Ego oder in meinem wahren Selbst?

Wir gehen immer mehr dazu über, in jedem Moment, jedem Augenblick hochwachsam zu sein. Denn unser Ego ist schlau. Es passt sich unserem veränderten Verhalten an und lockt uns in eine Ego-Falle, die wir sofort erkennen und auflösen sollten.

Dies ist reine Übungssache. Das einzige, was wir wirklich tun müssen, ist aufmerksam beobachten. Und das wirklich ständig. Wo gehören die Gefühle hin, die wir fühlen? Woher stammen die Gedankenmuster, die ich immer wieder denke? Warum reagiere ich jetzt so und nicht anders? Auf welcher Energiefrequenz sende ich jetzt gerade? Warum möchte ich meinen Partner oder meine Kinder verändern? Was möchten Situationen und Menschen mir spiegeln? Wen ziehe ich gerade in mein Leben?

Wo nehme ich Mangel ganz besonders wahr? Was möchten Schulden und Geldmangel mir sagen? Wo bin ich nicht in meiner Fülle? Kümmere ich mich genug um mein Fülle-Bewusstsein? Worin liegt chronischer Zeitmangel begründet? Warum befinde ich mich überwiegend in einer substanzlosen Oberflächlichkeit? Wann ertappe ich mich dabei, schnell noch irgendetwas tun zu wollen? Wie viel hochwertige Zeit investiere ich in meine wichtigsten Beziehungen? (Bitte die Beziehung zu uns selbst nicht vergessen!) Wie reagiere ich auf einen aggressiven Menschen, der nach Liebe schreit? Wie reagiere ich auf Kontrolle und Manipulation? Bin ich achtsam genug?

Wir brauchen, um Beobachter unseres Verstandes zu sein, keine Qualifikation und keine Ausbildung! Was wir brauchen, ist Hingabe, Zuversicht und Achtsamkeit. Das ist alles! Ist das zu viel?

Übung, um dem Mangeldenken auf die Spur zu kommen

Legen Sie sich bitte einen Block oder ein kleines Heft neben Ihr Bett. Nehmen Sie sich jeden Abend vor dem Schlafengehen ein paar Minuten Zeit, durch einige Notizen mehr Klarheit über Ihren Alltag zu bekommen. Sammeln Sie diese Notizen über einige Wochen und vielleicht Monate und vergleichen Sie immer wieder Ihre Antworten:

- Wo haben Sie heute geurteilt und bewertet?
- Wo haben Sie Ihre Gedanken geglaubt und sind dem Ego auf den Leim gegangen?
- Wann haben Sie starke Emotionen gespürt, die Ihr Ego Ihnen geschickt hat, um Sie zu manipulieren? Können Sie die Emotionen beschreiben?
- Was könnten Sie morgen noch besser machen?
- Womit waren Sie heute ganz besonders zufrieden?
- Wann fühlten Sie sich heute so richtig glücklich?
- Wofür waren Sie heute dankbar? Und warum?

Kapitel 5:
Der Paradigmenwechsel – Ein Leben in Fülle

Es bedarf nur ein paar Millimeter, um von unserem Leben im Mangel, das von unserem Ego durch unsere Gedanken und Glaubenssätze kontrolliert und ständig überwacht wird, in unsere Essenz, unsere Fülle, unser Herz zu wechseln – und doch ist es ein Quantensprung!

Sie sollten es sich zur Gewohnheit machen, morgens gar nicht erst aufzustehen, bevor Sie in Ihrer Fülle sind. Machen Sie es sich zur Gewohnheit, jeden Tag Ihren Wecker zehn Minuten früher klingeln zu lassen. Im Halbschlaf bekommen Sie den neuen Tag noch gar nicht so richtig mit, aber Sie können schon beginnen, in Ihr Herz zu gehen, um dort zu bleiben. Sie können den neuen Morgen aus dem Herz heraus begrüßen, bevor die Ego-Gedanken den ganzen Raum in Ihrem Kopf einnehmen und das Gedankenkarussell wieder zu schwirren beginnt.

Um ein Leben in der Fülle dauerhaft leben zu können, sollten Sie zum Experten Ihres sogenannten Seins-Zustandes werden. Wir agieren aus dem Ego-Zustand heraus und befolgen die permanenten Anweisungen und Beurteilungen unseres Anpeitschers, die uns pausenlos in den Kopf gehämmert werden, wie: Du musst das noch machen, Du sollst dort noch anrufen, Du hast das noch nicht erledigt, Du bist zu langsam, Du bist zu faul, die anderen sind viel besser als Du, die anderen werden mehr gemocht als Du, Du bist sowieso ein Versager, die anderen denken, dass Du hier nicht reinpasst, Du kommst wieder mal zu spät, und und und …

Dann spüren wir aufgrund der Stresshormone, die unser Körper ausschüttet, recht schnell, dass wir bald erschöpft und unkonzentriert sind, dass wir unsicher und aggressiver zu uns und anderen werden.

Ein Leben in Fülle fühlt sich leicht und gut an. Geduld, Gelassenheit und Toleranz sich selbst und anderen gegenüber stehen dabei im Vordergrund.

Wir wirken auf andere „einend": Wir klären Konflikte schnell und freundlich, wir sind nicht auf Kampf und Auseinandersetzung aus. Wir können uns in andere hineinfühlen und hineinversetzen, um so zu verstehen, dass andere auch eine Meinung haben, die ihnen am Herzen liegt. So können wir gelassen sein und müssen nicht immer Recht haben.

Unsere Aufgabe als Glücksmanager besteht also darin, immer mehr und immer bewusster den Seins-Zustand zu wählen. Denn dies ist die Grundlage für ein erfülltes und zugleich bewusstes Leben in einem hohen Energiefeld.

Um ein Füllebewusstsein überhaupt erst einmal entwickeln zu können, sollten wir viel Zeit mit uns selbst verbringen, um ein Gespür dafür zu bekommen, wann und in welchen Situationen unser Ego besonders deutlich zum Vorschein kommt.

Manche Menschen verhalten sich in der Freizeit oft ganz friedlich und harmonisch, mutieren jedoch an ihrem Arbeitsplatz zum Ego-Vamp. Andere wiederum malträtieren am Wochenende ihre Familie und fügen sich in der Firma harmonisch in das bestehende Hierarchiegefüge ein.

Jeder verhält sich in unterschiedlichen Situationen besonders „egoistisch", das sollten Sie herausfinden. Denn nur so können Sie die Beziehung zu sich selbst besser kennenlernen, um aufmerksamer und achtsamer reagieren zu können, wenn sich Ihr Ego mal wieder aufrichtet und seine Stimme gegen Sie und andere richtet.

Für mich persönlich fand ich es gut, dass ich mir früher und auch heute noch immer wieder genügend Zeit einräume, um über mich ein Resümee zu ziehen. Ich finde die Zeit vor dem Schlafengehen immer am praktischsten. Ich gehe die unterschiedlichen Gespräche des vergangenen Tages noch einmal durch. Dabei hole ich mir die Menschen noch einmal her, mit denen es mir schwergefallen war, in meiner Essenz zu bleiben. Oder ich erinnere mich an Situationen, wo ich mich selbst aggressiv oder ängstlich wahrgenommen habe.

Dann schaue ich mir mein Verhalten noch einmal genauer an und analysiere, warum ich mich in dieser Situation so und nicht anders verhalten habe: Bin ich einem alten Glaubensmuster aufgesessen? War es eine veraltete Denkstruktur, die heute vollkommen überholt oder sogar überflüssig ist? Dies alles gilt es herauszufinden und anzunehmen.

Es hat keinen Sinn, sich über sich selbst aufzuregen oder sich selbst niederzumachen, weil man im Gespräch mit dem Chef überhaupt nicht in seinem Herzen war. Weil wieder mal alles nicht so gelaufen ist, wie man es sich gewünscht und vorgestellt hatte. Genauso sinnlos ist es, solche Verhaltensmuster oder Emotionen zu verdrängen und sie nicht wahrhaben zu wollen.

Manchmal bin ich wütend, weil ich mich mit meinem Mann gestritten habe und er mich wieder einmal überhaupt nicht verstanden hat, weil er so ist, wie er ist. Dann muss ich mir in einer Stunde mit mir selbst klarmachen, warum er sich so und ich mich so verhalten habe, um in mein Herz zu gehen, tief durchzuatmen und zu fühlen: ich bin Frieden, ich bin Freude, ich bin Klarheit.

Meist gelingt es mir dann, ihn in seinem göttlichen Sein zu sehen. Ich erkenne, dass es nie einen Konflikt gab und gibt, dass ich wieder einmal einer Illusion aufgesessen bin. Ich kann ihm vergeben, weil er nicht dazu da ist, mich glücklich zu machen.

Warum sollte ich meinem Ego weiter die Führung überlassen, wenn ich weiß, dass mein wahres Selbst viel bessere und weisere Antworten auf meine Fragen hat? Die Eigenbeziehung, die wir zu uns haben, sollten wir aufmerksam immer wieder hinterfragen und reflektieren. Denn schließlich bekommen wir durch andere Menschen, wie unsere Kollegen, unseren Chef, unsere Partner, unsere Kinder, Bekannte und Freunde, uns selbst widergespiegelt.

Also sollten wir uns unbedingt die Zeit nehmen, um zu schauen, welche Menschen und Situationen in unser Leben gekommen sind, wie sie sich verhalten, wie wir auf sie reagieren und warum wir in Konflikte verwickelt werden.

Genau dies sind unsere Aufgaben, die wir lösen sollten, um uns weiterzuentwickeln.

Lassen Sie mich an dieser Stelle einige Worte über unseren Körper und das Thema Gesundheit erwähnen

Warum werden so viele Menschen in unserer Ego-Gesellschaft krank? Warum basteln wir überwiegend an den Krankheits-Symptomen herum und nicht an der Wurzel? Immer noch vertreten die meisten Menschen die Ansicht, dass Krankheiten im Körper entstehen und auch dort behandelt werden sollten. Die technische Entwicklung wurde immer besser, hochwirksame Medikamente kamen auf den Markt, um kranke Körper zu heilen. Chirurgische Eingriffe, Bestrahlungen und viel Technik werden heute genutzt, um unterschiedlichste Krankheiten zu heilen oder Schmerzen zu lindern.

Immer mehr Menschen sehen mittlerweile auch einen Zusammenhang zwischen Körper und Psyche. Wenn es der Seele nicht gut geht, kann es auch dem Körper nicht gut gehen. Also versuchen unzählige Therapeuten und Psychologen, die leidenden Seelen wieder auf Trab zu bringen. Sie sehen die individuelle Anamnese in Zusammenhang mit dem seelischen Zustand des Patienten. Denn eine erkrankte Psyche löst irgendwann auch körperliche Symptome aus.

Zudem wurde durch die esoterisch spirituelle Welle bei Erkrankungen die Energie mit ins Spiel gebracht. Durch Akupunktur werden und wurden schon seit Tausenden von Jahren Energieblockaden aufgelöst und der Energiefluss in Gang gebracht.

All diese Blickwinkel sind nachvollziehbar und etabliert. Ich jedoch vertrete die geistige Betrachtungsebene. Für mich sind Krankheiten, also Schmerzen, Tumore, Geschwüre und sogar Unfälle Hinweise auf Themen und Dinge, die in unserem Leben noch nicht gelöst wurden und sich in einer Krankheit manifestiert haben.

Auch hier komme ich noch einmal auf unsere Beziehung zu uns selbst zu sprechen. Wie verhalten wir uns uns selbst gegenüber? Wie steht unsere Ego-Persönlichkeit inklusive der energetischen Ebene zu unserem wahren Selbst, unserem Sein? Wo gibt es Blockaden? Wo kann die Energie nicht fließen? Wo leben wir unbewusst?

Ich sehe es tatsächlich so, dass Konflikte in Beziehungen, belastende Abhängigkeiten genauso wie HIV, Hepatitis oder Krebs, ein Magengeschwür oder ein grippaler Infekt Hinweise in unterschiedlicher Intensität sind, um uns zu zeigen: Schau da hin! Hier lebst Du unbewusst! Hier warst Du nicht in deiner Fülle und im Einklang mit deinem wahren Selbst!

Natürlich könnten wir uns jetzt in die Analyse stürzen und in unserer Vergangenheit die „Schuldigen" ausgraben, die wir für unsere Krankheiten verantwortlich machen. Dies halte ich jedoch für wenig sinnvoll.

Ich sehe es sehr pragmatisch: Ich nehme Krankheiten als Hinweise darauf, dass ich gerade nicht bei mir, in meinem Herzen und meinem wahren Selbst war und dadurch erkrankt bin. Krankheiten können über Monate und Jahre entstehen, bevor sie sich in unserem Körper manifestieren. Wenn ich das weiß, kann ich sofort innehalten und mich auf mein wahres Sein besinnen.

Lassen Sie mich dazu ein Beispiel geben: Als ich vor Jahren stressbedingt von heute auf morgen ein Geräusch und dazu noch einen dumpfen Ton in meinem rechten Ohr wahrnahm, vermutete ich einen Hörsturz und ließ mich von zwei hervorragenden HNO-Ärzten behandeln. (Sie sehen, auch ich war vor einigen Jahren noch nicht genügend bewusst, um Stress zu verhindern oder entsprechend damit umzugehen, aber ich habe dazugelernt!)

Nach Meinung der Ärzte handelte es sich um einen Hörsturz, den sie mit Cortison und zwei hintereinander folgenden Infusionstherapien traditionell behandelten.

Ich war damals schon so weit, dass ich mir Gedanken machte, was mir mein Körper mit genau dieser Krankheit sagen wollte. Wann war ich noch in meiner Ego-Persönlichkeit? Was war in den letzten Monaten geschehen, dass mein Körper, meine Seele und mein wahres Selbst diese Krankheit für mich auswählten? Was hatte ich „überhört", dass mein Ohr mit Pauken und Trompeten Tag und Nacht diesen Lärm in meinem Schädel veranstalten musste?

Ich musste mich massiv unbewusst verhalten haben, da ich bisher in meinem Leben keine Krankheiten kannte. Dies war das erste Mal, dass mein Körper mir derart belastende Symptome zeigte. Da es gerade Sommer war, Ferienzeit mitten im August, nahm ich mir als Selbstständige die Freiheit, sofort einen Monat von allen beruflichen Dingen zurückzutreten und mir eine Auszeit zu gönnen.

Ich sagte alle Termine ab und hörte meinem Körper und meiner Seele zu, was sie mir zu erzählen hatten. Ich ging hinaus in die Natur und legte mich an einen ruhigen Badesee. Ich ließ mich von meiner Hündin inspirieren, was Lebenslust und Lebensfreude bedeutete. Ich nahm eine kognitive „Diätzeit", bekam also so gut wie keinen Input von außen (Fernsehen, Computer, Smartphone, Radio …), die mir mehr als gut tat.

Ich gönnte meinem Ohr Ruhe und ließ mich auch von dem ständigen Dröhnen, Rauschen und Pfeifen nicht verunsichern. Immer hatte ich einen kleinen Notizblock dabei, um die Gedanken, die mir zu dem Thema „Meine Lebensweise und die Krankheit am Ohr" kamen, gleich aufschreiben und später verarbeiten zu können. Im Laufe der Zeit hatte ich folgende Mitteilungen meiner Seele an mich notiert:

- Du hörst viel zu viel auf andere. Du verfolgst zu wenig deinen eigenen Weg.
- Du hörst immer weniger in dich hinein.
- Du hörst dich selbst nicht mehr.
- Du willst die tausend Meinungen der anderen nicht mehr hören.
- Du willst dich mehr zurückziehen und dich wieder auf dich selbst besinnen.
- Die anderen machen viel zu viel Druck, mit ständigen Terminen und Verfügbarkeiten – du kannst das nicht mehr hören.

So wurde mir immer klarer, warum sich meine Seele genau die Stelle in meinem Körper ausgesucht hatte, die mir den Hinweis darauf geben konnte, wo mein Mangel und meine Unbewusstheit lagen: in meinem Ohr!

Hätte ich eine Blasenentzündung bekommen oder einen verstauchten Knöchel, hätte ich mir niemals die Mühe gemacht, um herauszufinden, an welcher Stelle mich mein Ego komplett im Griff hatte.

Ich blätterte in meinem Kalender und bemerkte, dass ich während der vergangenen Wochen und Monate ständig in irgendwelchen Gesprächen saß, wo andere mir sagten, was ich als einzigartige Rednerin noch verbessern sollte, was ich unbedingt haben musste, wie ich mich besser präsentieren sollte, wie ich noch mehr Buchungen bekommen konnte usw.

Ich hatte mich fast selbst verloren und dachte noch, die anderen wüssten es alle viel besser als mein wahres Selbst.

Diese lieblose Anpeitscher-Stimme in meinem Kopf jagte mich durch die Wochen: Den musst du noch treffen, und dort musst du dich noch zeigen, und da musst du dabei sein, und diese Veranstaltung ist wichtig, und da erwartet man dich noch, und da solltest du auch noch vorbeischauen …

Mein Anpeitscher kannte mit mir kein Erbarmen. Ich war komplett in der Ego-Falle gefangen. Von Fülle keine Spur!

Ich hatte keinen Nerv mehr und wollte das alles nicht mehr hören! Meine Seele war so freundlich und schickte mir den Hörsturz und ein Blasorchester im Schädel, so dass ich wirklich nichts anderes mehr hören konnte als Rauschen und die unterschiedlichsten Tinnitus-Töne.

Meine Seele musste schon sehr viel Vertrauen in mich haben, um mir so etwas zuzumuten! Ich verstand die Zeichen der Zeit und machte erst mal: Nichts. Mir war von vornherein klar, dass kein Cortison und keine Infusionstherapie der Welt meine Seele umstimmen konnten. Das musste ich schon selbst in die Hand nehmen.

Ich nutzte die fünf Wochen Zwangsurlaub, um mich wieder ganz meinem Füllebewusstsein zu widmen, das ich durch die unzähligen Termine im Außen schon fast vergessen hatte. Ich schenkte mir morgens, kurz nach dem Aufwachen 15 Minuten Zeit, um in mein Herz zu gehen.

Ich zeigte Dankbarkeit für diese Erkrankung, die ich als Hinweis sah, um wieder auf mich selbst zu hören und mich nicht von anderen bequatschen zu lassen. Schließlich kannte ich mich selbst am besten und wusste genau, wie ich als Rednerin auftreten sollte, dass es mir immer um die Authentizität ging und die Kommunikation mit meinem Publikum.

Ich wollte nicht immer noch mehr Buchungen, um am Ende wieder wie ein Roboter zu funktionieren. Ich hasste schon immer Fremdbestimmtheit. Ich wollte Qualität und nicht Quantität. Dies wäre mir fast verloren gegangen, wenn mich meine Seele durch mein Ohr nicht darauf aufmerksam gemacht hätte, genauer hinzuhören.

Meine Ärzte waren mit ihrem Latein am Ende. Sie waren hilflos und wollten mir noch mehr Cortison spritzen. Dies lehnte ich ab und gönnte mir noch mehr Ruhe, frische Luft, viel Schlaf, leichtes Essen, schöne Massagen und gute Bücher über Quantenheilung.

Und ich versuchte jeden Augenblick ganz in meinem Herzen zu sein. Ich hörte meiner inneren liebevollen Stimme genau zu, die mir viel zu erzählen hatte.

Sie werden es nicht glauben, aber im Laufe der fünf Wochen nahmen die Ohrgeräusche immer mehr ab. Das Rauschen verschwand ganz, und der Tinnitus wurde so leise, dass ich ihn tagsüber schon fast vergaß und nur noch abends an ihn erinnert wurde. Ich schmunzelte dann immer und meinte zu meiner Seele: „Den kannst Du jetzt eigentlich auch wieder wegnehmen. Ich habe doch jetzt alles verstanden, den brauche ich doch gar nicht mehr."

Doch meine Seele ging auf Nummer Sicher und ließ mir den Tinnitus noch einige Monate, bevor er eines Tages wieder ganz verschwand.

Als ich bei einem Spaziergang eines Tages meinen HNO-Arzt traf und ihm meine Geschichte erzählte, schüttelte er mit dem Kopf: „So etwas habe ich ja noch nie gehört …"

Tja, liebe Leserin und lieber Leser, Heilung beginnt immer im Geist.

Die Wurzel aller Erkrankungen besteht in unserem Geist, der uns lediglich darauf hinweisen möchte, dass wir bei einem Thema noch vollkommen blockiert und unbewusst sind.

Wir brauchen Zeit mit uns selbst, um die Hinweise mit dem Herzen zu verstehen. Unser Verstand kann so etwas nicht begreifen. Und wir sollten es uns wert sein, neben sicherlich sinnvollen Medikamenten und der Hochleistungstechnik einen verständnisvollen Blick auf uns selbst zu werfen.

Haben wir Ängste und Aggressionen oder Schuld übersehen? Über was und wen haben wir uns geärgert? Wo dauerten Beziehungskonflikte über Monate und Jahre an, die wir niemals gelöst haben?

Ich bitte Sie: schauen Sie bei einer Krankheit genauer hin! Ihre Ärzte können Ihre Energieblockaden nicht lösen. Sie sollten sich die Zeit nehmen und es tun. Kämpfen Sie niemals gegen eine Krankheit an, sondern akzeptieren Sie diese, als das, was sie ist: ein freundlicher Hinweis auf Ihre Unbewusstheit. Und kommen Sie dann in Ihr Herz und schauen Sie, was geschieht.

Heilung findet immer im Geist statt! Jeder Unfall, jede Krankheit und jeder Schmerz wurde durch den Irrglauben an Trennung hervorgerufen. Doch wir sind Ursache und Wirkung in einem. Die Heilung der Krankheit ist das Bewusstmachen der Einheit.

Dazu müssen wir jegliche Dualität aufheben. Dies kann nur in unserem Geist stattfinden. Denn nur dort können Energien wieder zum Fließen gebracht werden.

Jede kleinste Zelle wird wieder mit Energie versorgt, die sie braucht, um zu einer Heilung beitragen zu können. Unsere Gedanken werden von einer anderen Energie gespeist, die aus der Einheit kommt und uns nicht als etwas anderes sieht als die Dinge und Menschen da draußen. So manifestiert sich Energie neu im Körper und in jeder einzelnen Zelle, und der Fluss bleibt erhalten.

Wir können das „Problem" Krankheit anders nicht „loswerden".

Solange mein Ego denkt: Diesen Schmerz will ich nicht, diese Krankheit ist mir lästig, die will ich nicht, dieser Unfall hätte niemals passieren dürfen, ich kämpfe dagegen an, solange befinden wir uns wieder im Bewerten und Beurteilen, also in der Dualität und Trennung. Wir sind nicht in der Einheit. Selbst wenn die Krankheit geheilt werden sollte, kommt bald eine andere hinterher, die wiederum darauf hinweisen möchte, dass ich unbewusst in der Trennung und somit im Ego bin.

Mein Problem liegt nicht in meinem Körper, nicht in meiner Seele und nicht in meiner Energie. Ich brauche Klarheit darüber, dass es nur dieser kleine Schritt ist, bis ich erkenne: Ich habe Ego-Gedanken gedacht, Ego-Emotionen gefühlt, und so bin ich von meinem wahren Selbst abgeschnitten worden.

Jede Krankheit beginnt in Ego-Gedanken und Ego-Emotionen, wie Angst, Schuld, Gier, Aggression, Habenwollen und fordernder Liebe.

Die Heilung beginnt dann, wenn ich mich auf mein wahres Selbst einlasse, mich besinne und wieder aus meinem Herzen heraus lebe und fühle.

Doch selbst dann ist unser Ego noch hellwach und suggeriert uns: „Was soll der Blödsinn? Jetzt bist du schon drei Monate in deiner Essenz, aber die Schmerzen lassen überhaupt nicht nach. Und überhaupt haben die Ärzte gesagt, die Chancen auf Heilung stehen schlecht. Was soll das mit dieser Essenz? Das hilft mir auch nicht weiter!"

Dieses Sorgen und Zweifeln und Ängstigen zeigt uns sofort wieder: „Achtung! Die Ego-Falle ist zugeschnappt! Du bist schon wieder in der Ego-Struktur! Gehe zurück in Deine Essenz!"

Erst dann, wenn wir mit Hingabe in uns ruhen, wenn wir aufhören zu kämpfen, den Schmerz und die Krankheit als Hinweis voll und ganz annehmen, hört das Leid auf. Leiden ist der Widerstand, das Sich-Auflehnen gegen das, was ist.

Wie wir alle wissen, bedeutet Widerstand, gegen Dinge, Menschen und Situationen anzukämpfen, das, was ist abzulehnen und den derzeitigen Zustand nicht zu akzeptieren. Also wieder voll und ganz im Ego-Modus zu sein.

Gelingt es uns jedoch, zum Beispiel eine Krankheit als wertvollen Hinweis anzunehmen und zu akzeptieren, hören wir auf zu kämpfen. Wir können wieder ganz in unser Herz zurückgehen, wo alles in Ordnung ist, so, wie es gerade ist. Dann wird uns wieder bewusst, dass uns unser Körper geschenkt wurde, um hier unseren Seelenweg zu gehen und unsere Bestimmung zu leben. Wir sind nicht unser Körper, sondern reiner Geist.

Was bedeutet das? Wir sollten jederzeit bereit sein, unseren Körper auch wieder zu verlassen, wenn der Zeitpunkt dafür gekommen ist. Unsere Seele wird weiterziehen, um ihre weitere Bestimmung zu erreichen, nämlich einen höchsten Grad an Bewusstsein zu erlangen.

Ob uns das gefällt oder nicht, wir haben es nicht in der Hand, wann wir diesen, unseren Körper verlassen werden. Unsere Schöpferkraft ist uns gegeben, um hier in diesem Leben unsere Realität zu erschaffen. Wenn der Zeitpunkt gekommen ist, um diesen Körper wieder aufzugeben und weiterzuziehen, kann uns auch unser Widerstand nicht helfen.

Sind wir jedoch in unserem Herzen, können wir Krankheiten, Heilung oder sogar den Tod als etwas begreifen, was so sein soll, wie es ist. Und es gelingt uns dann sogar, in Frieden zu sterben. Hier ist unser Leben zwar zu Ende, und doch ist alles eins und es geht immer weiter. Der Tod und das Sterben können als Übergang begriffen werden und nicht als Ende. Menschen, die sich darüber gewahr sind, haben keine Angst zu sterben.

Mit dieser Einstellung kann Heilung geschehen, weil man sich der Krankheit hingibt. Man ist jedoch nicht das hilflose Opfer, das sich jämmerlich und gezwungenermaßen mit etwas abfindet, sondern der höchst bewusste Mensch, der um seine Fülle weiß und sich der höchsten, göttlichen Kraft anvertraut, in dem Wissen, dass immer das Beste für ihn geschieht.

Nehmen wir eine Haltung an aus einer anderen Sichtweise heraus. Aus einem Abstand von der Situation schauen wir von oben auf ein Labyrinth, das sich unterhalb von uns befindet, sozusagen wie ein Vogel, der alles von oben aus betrachtet. Dann sind wir nicht mehr mit der Krankheit identifiziert.

Wir nehmen die Haltung des Beobachters ein, nehmen unsere ängstlichen, sorgenvollen Gedanken zur Kenntnis, unseren Widerstand und die Wut, dass gerade uns das passieren musste und nicht den anderen. So können wir uns von einer anderen Betrachtungsebene mit dem Augenblick verbinden und bewusst entscheiden, wieder in unser Herz zu gehen.

Während wir krank sind, erschafft uns das Ego, je nach Schwere und Intensität der Erkrankung, immer neue Fallen, in die wir nicht hineinfallen sollten: Selbstmitleid, Jammern, Klagen, In-Frage-Stellen der göttlichen Existenz, Zweifeln, Traurigkeit und zuletzt auch Aggression gegen sich selbst, die Krankheit und andere.

Sind wir jedoch in unserem Herzen, können wir sogar den Schmerz akzeptieren und annehmen, ohne zu leiden. Denn das Leiden zeigt uns immer den Grad des Widerstands an, mit dem wir gegen die derzeitigen Tatsachen kämpfen. Das Ego macht uns zum ohnmächtigen Opfer, das wie ein kleines Kind jammert: Ich will das so nicht haben! Ich will was anderes!

Sind wir jedoch in unserem wahren Selbst verhaftet, in dem Frieden herrscht und Bewusstheit und sogar Freude, können wir die inspirierende Stimme hören, die uns sagt: Versuch es mal mit dieser Heilungsmethode oder probiere das Medikament mal aus oder nimm Kontakt mit jenem Arzt auf, der ein Koryphäe sein soll.

Der wesentliche Unterschied besteht dann darin, dass wir etwas unternehmen, es jedoch nicht gegen die Krankheit tun oder weil wir etwas erreichen wollen. Auch nicht, weil wir Angst vorm Sterben haben oder weil wir wütend sind, dass gerade wir die Krankheit bekamen, sondern weil wir uns als Teil des Ganzen begreifen, wovon wir ein kleines Zahnrädchen sind.

So kommen wir aus ganzem Herzen zu einem Arzt, sind offen und bereit zuzuhören. Und nicht, weil wir etwas haben wollen. Wir folgen einem Impuls, kämpfen nicht gegen die Krankheit, sondern handeln unverkrampft.

So können wir einen Heilungsprozess akzeptieren, vielleicht sogar Selbstheilungsprozesse in unserem Körper aktivieren. Wir können noch einmal intensiv über unser Leben und unsere Lebensaufgabe nachdenken. Wir können den Ausgang, sei es die wiedererlangte Gesundheit, das weitere Fortbestehen der Krankheit oder sogar den Tod als logische Fortsetzung unseres Lebensplans begreifen.

Auf jeden Fall ist jede Krankheit, ungeachtet, ob es sich um einen grippalen Infekt oder Krebs handelt, eine Aufforderung, in unsere Essenz zu gehen. Auch hier haben wir immer die freie Wahl! Es kommt auch bei Krankheiten auf unsere Achtsamkeit und Klarheit an. Und auf unsere Wahrnehmung, die uns das Ego einszufflieren möchte, dass eine Krankheit ein Problem für uns darstellt, das wir unbedingt lösen müssen.

Lassen Sie uns noch ein paar Worte zum Thema Ernährung sagen

Da unser Körper reine Energie ist, reagiert er auf andere Energie, die zum Beispiel in der Nahrung vorhanden ist. Essen wir energiereiche Nahrung, bekommt unser Körper neue, wertvolle Energie zugeführt. Essen wir leere, unlebendige Nahrung, bieten wir unserem Körper wenig oder keine Energie an. Unser Körper wird faul, träge und müde.

Das wirkt sich direkt auf unsere Lebensfreude und Lebensqualität aus. Unser Körper weiß ganz genau, was er braucht. Wenn wir nun intuitiv auf unseren Körper reagieren, dann sind alle Diäten und Ernährungsprogramme überflüssig. Wenn wir aufmerksam mit unserem Körper im Gespräch sind, wird er uns sagen, was er braucht, um leicht und effektiv zu funktionieren.

Gelüste, Appetit und Begehren können wir dann einsortieren und entsprechend damit umgehen. Wir spüren relativ einfach, was gut für unseren Körper ist, was ihm wertvolle Energie zuführt und was ihm schadet. Wir brauchen keine Extrem-Ernährung oder einen perfekten Ernährungsplan, wir sollten nur auf unseren Körper hören und ihm genau das geben, was er braucht.

Ein richtig ernährter Körper fühlt Klarheit und Lebensfreude. Die verschafft uns Lebensqualität.

Psychische Bedürfnisse, wie die Sucht nach Süßem oder fett- und kohlehydratreicher Ernährung, können dann erkannt und aufgelöst werden. Wenn wir auch bei der Ernährung in unserem Herzen ruhen, uns Zeit für ein bewusstes Essen nehmen, dann vermittelt uns unser Nahrungsbewusstsein, wovon es gerade etwas mehr oder weniger braucht.

Diäten zwingen unserem Körper etwas auf. Auch hier handeln wir aus der Dualität heraus und entscheiden über den Verstand, was unser Körper braucht. Auch hier ist das Ego voll am Werk. Es lässt sich von den Medien, der Werbung, unterschiedlichen Büchern und Zeitschriften einreden, was gut oder schlecht für den Körper ist. Doch Heißhungerattacken, Süchte und Gelüste haben immer seelische Ursachen, die separat angeschaut werden müssen.

Wenn wir aus unserer Essenz heraus leben, werden wir niemals Süchte entwickeln, weil wir alles haben, was wir brauchen. Wir müssen nichts konsumieren, was andere uns vorschreiben oder die Werbung uns einredet. Wir spüren die Energie und die Kraft, die unser Körper ausstrahlt.

Mit bewusster Atmung, lebendiger Ernährung, qualitativ bestem Wasser und einer aufgerichteten Körperhaltung erschaffen wir die Bedingungen, um uns wohlzufühlen. Nur vom Ego-Denken und Ego-Gefühlen gestresste Körper fühlen sich schlapp und müde an.

Auch hier haben wir wieder die freie Wahl: Schöpfer oder Opfer? Sie haben die Macht, in jedem Augenblick zu entscheiden!

Übung am Morgen kurz nach dem Aufwachen

Schließen Sie die Augen, kommen Sie zur Ruhe.

Nehmen Sie ein paar tiefe, lange Atemzüge.

Atmen Sie mit einem langen ahhhhhh aus.

Wenn schon die ersten Gedanken kommen, lassen Sie sie in Ruhe vorüberziehen. Schenken Sie ihnen keinerlei Aufmerksamkeit.

Sie wissen: Ihre Fülle ist unabhängig vom Außen. Ihre Probleme sind ein Ego-Produkt.

Atmen Sie ruhig und entspannt weiter. Spüren Sie Ihr Herz und atmen Sie in Ihren Brustkorb.

Sie schwimmen in einem tiefen, blauen Ozean. Die Wellen tragen Sie. Sie atmen tief und ruhig weiter.

Lassen Sie sich fallen, sinken Sie hinab in das tiefe, tragende Blau.

Spüren Sie die Energie des frischen Wassers. Wie es glasklar auf Ihrer Haut abperlt. Sie lieben die Berührung mit frischem Wasser.

Atmen Sie immer weiter in Ihren Brustkorb und in Ihr Herz.

Nehmen Sie Ihr Herz als einen Ort der Ruhe und Sicherheit wahr.

Immer weiter sinken Sie hinein in einen Ort ohne Raum und Zeit. Lächeln Sie!

Lächeln Sie dankbar vor sich hin. Spüren Sie die Dankbarkeit in sich, dass alle Probleme bereits gelöst sind. Es gibt keine Probleme. Alles ist genau richtig, so wie es ist. Sie lieben, was ist.

Sie bestehen nur noch aus reinem Sein.

Stellen Sie sich selbst als kleines Kind vor, das glücklich in Ihr Herz hineinklettert und sich dort behaglich zusammenkuschelt.

Spüren Sie Wärme und Geborgenheit.

Atmen Sie entspannt und ruhig weiter. Tief einatmen, kurz den Atem anhalten und mit einem langen ahhhhh wieder ausatmen.

Sie sind zu Hause. Sie sind in Ihrer Fülle, in Ihrem reinen Sein. Sie sind in Ihrem wahren Ich angekommen.

Lächeln Sie noch einmal voller Dankbarkeit und Hingabe. Alles ist gelöst. Sie sind liebenswert und richtig, genau wie Sie sind.

Ihrem Gehirn ist es vollkommen egal, warum Sie lächeln. Es ist wissenschaftlich nachgewiesen: Wenn Sie mindestens 60 Sekunden lächeln, beginnt Ihr Gehirn Glückshormone auszuschütten, und Sie fühlen sich gleich beschwingter und wacher.

Unglaublich, oder? Probieren Sie es einfach aus!

Sinken Sie hinunter in den blauen Ozean. Lassen Sie sich treiben.

Nehmen Sie die Energie um sich herum wahr. Sie sind eingehüllt in einem leuchtenden Mantel aus weißem Licht. Sie strahlen und schimmern in einem reinsten Weiß.

Energie ist in jeder Ihrer Zellen. Atmen Sie die Energie in sich hinein. Fühlen Sie die Energie. Fühlen Sie das Licht in Ihnen. Die Wellen des Ozeans tragen Sie. Sie lassen sich einfach treiben und atmen ruhig weiter.

Ziehen Sie die reine neue Energie mit der Atemluft in Ihr Herz. Fühlen Sie, wie Ihr Brustkorb voll wird. Sie befinden sich in Ihrem Herz.

Sie spüren Dankbarkeit, Fülle und einen tiefen Frieden.

Lassen Sie sich von der Energie und dem Licht in den neuen Tag tragen.

Wenn Sie den Tag so beginnen, sind Sie ziemlich auf Abstand von Ihrem peinigenden Ego.

Falls die ersten Gedanken auch schon kommen, lassen Sie sie fließen. Sie haben keinerlei Bedeutung für Sie! Es ist entscheidend, dass wir nicht hektisch und gestresst in den Tag starten.

Behalten Sie das Lächeln in Ihrem Gesicht bei.

Bleiben Sie in Ihrer Essenz. Achten Sie auf Ihre Gedanken, Emotionen, wie Eile, Angst, Wut, usw.

Liegen Sie jeden Moment auf der Lauer. Sobald sich ein hektischer Gedanke oder eine drückende Emotion einschleicht, beginnen Sie wieder von vorne:

Sie atmen ruhig ein und aus. Sie denken an den tiefblauen, ruhigen Ozean, der Sie voller Energie trägt und alle Emotionen von Ihnen fernhält, indem er sie ruhig durchfließen lässt und ihnen keinerlei Beachtung schenkt.

Achten Sie unbedingt darauf, am Morgen all Ihre Rituale in Ruhe und Dankbarkeit zu erledigen. Duschen Sie ganz bewusst und spüren Sie die Energie des Wassers.

Schließen Sie wiederum die Augen und spüren Sie, wie es Licht und Energie in Form von Wasser auf Sie hinunter regnet.

Sie sind Licht, Freude, Liebe und Energie!

Sie sind reines göttliches Sein. Sie sind mit allem versorgt, was Sie an diesem Tag brauchen. Nicht mehr und nicht weniger. Das Außen hat keine Bedeutung für Sie.

Bevor Sie irgendwelche Handlungen starten, kommen Sie immer wieder in Ihr Herz zurück. Erst aus diesem Bewusstsein heraus werden Sie aktiv.

Sie werden staunen, welche Ergebnisse Sie erzielen, welche Menschen nach dem Resonanzgesetz in Ihr Leben treten. Wenn Sie Fülle ausstrahlen, sprechen Sie bei anderen Menschen deren Fülle an. Es können wundervolle Kooperationen entstehen – eben aus dem Herzen, der Fülle heraus.

Sie werden staunen, was das Universum für Sie bereit hält. Sie werden bessere Gespräche führen, denn Sie respektieren die Meinungen der anderen, Sie bestehen nicht darauf, Recht zu haben. Sie senden eine tiefe Dankbarkeit und Hingabe aus und – Sie sind immer achtsam!

Sobald das Ego einen Mangel für Sie bereithält, atmen Sie tief ein und aus, denken an den tiefblauen Ozean, der reine Energie ist und der Sie mit allem versorgt. Ihre Energie fließt, und Sie handeln erst dann im Außen, wenn Sie aus Ihrem Herzen heraus einen entsprechenden Impuls bekommen, dies oder jenes zu tun.

Lassen Sie sich von Ihrer Intuition leiten. Ihr wahres, göttliches Selbst kennt Ihren Lebensplan ganz genau. Ihr beschränkter Verstand möchte nur immer neue Probleme und Konflikte erschaffen.

Vertrauen Sie dem reinen Sein.

Sie werden verblüfft sein, was passiert!

Kapitel 6:
Wie entwickeln Sie Ihr Füllebewusstsein?

Was bedeutet eigentlich Fülle? Warum leben wir überwiegend im Mangel, auch wenn es uns äußerlich gut geht? Wann gelingt es uns, in der Fülle zu leben?

Zunächst einmal geht es darum, dass wir uns auf das einlassen können, was schon längst da ist: Unser Füllebewusstsein. Jeder Mensch verfügt über ein Selbstbewusstsein und über ein von der Natur gegebenes Füllebewusstsein.

Säuglinge und Kleinkinder lassen keinen Zweifel daran, dass sie in vollster Fülle leben, solange ihre Grundbedürfnisse (eine wichtige Bezugsperson in der Nähe haben), körperliche und seelische Nahrung (halten, wärmen und liebkosen) gesichert sind. Das Geschrei, das ein Säugling veranstaltet, wenn er Hunger, Durst oder die Hosen voll hat, ist unglaublich. Er nimmt keinerlei Rücksicht. Voller Selbstbewusstsein und voller Inbrunst schreit er seinen Kummer in die Welt hinaus.

Wir können tausendmal „Pst, scht und wieder pst" sagen, er wird weiterbrüllen, bis seine Bedürfnisse erfüllt sind und er wieder das Gefühl hat, alles ist in bester Ordnung. Kleine Kinder leben automatisch in der Fülle, zweifeln dies auch niemals an, denn sie sind noch nicht erzogen. Sie sind naturbelassen, bis wir mit etwa zwei Jahren beginnen, sie „sinnvoll" zu erziehen.

Das Wort „Erziehung" hat für mich viel mit „herumziehen" zu tun. Jeder zieht an einem Kind herum, wie er der Meinung ist, dass es „richtig" und „sinnvoll" ist. Was immer das auch sein mag. So geht kleinen Kindern immer mehr das eigene Fülle-Bewusstsein verloren. Sie hören auf, in der Öffentlichkeit zu schreien, sobald sie begriffen haben, dass es uns Erwachsenen unangenehm ist. Oder sie schreien trotzdem weiter und bekommen unsere Kritik zu spüren, weil sie ein böses Kind sind. Je nachdem.

Wenn Sie beginnen, Ihr Füllebewusstsein täglich weiter auszubauen, leben Sie jeden Moment im Überfluss. Eine riesige Energiewolke umgibt Sie. Sie strahlen diese Energie nach außen in die Welt, ins Universum hinein. Diese Fülle entsteht in Ihrem Herzen. Dort sitzt Ihr Energiezentrum.

Genießen Sie dieses herrliche Gefühl von göttlicher Fülle. Lassen Sie diesen Reichtum nach außen strahlen. Sie werden spüren, dass Energie zu Ihnen zurückkommt. Sie werden diese Fülle in Ihrem Leben spüren. Sie wird sich in Ihrem Leben manifestieren in Form von Menschen, Geld, Zeit, Ideen und Inspirationen.

Nutzen Sie dazu die Übungen im Anhang dieses Buches!

Unser natürliches Füllebewusstsein sollten wir immer mehr fühlen und nach außen ausstrahlen. So sind wir nicht mehr in Trennung, in der Dualität, wie es uns das Ego immer weismachen möchte.

Diesen Zustand von Fülle sollten wir neu in uns implementieren, denn er war schon immer da. Wir müssen ihm Aufmerksamkeit geben, wir müssen es zulassen, es einfach geschehen lassen. Es hat nichts mit bekommen und haben wollen zu tun. Und das Schöne dabei ist, dass wir sofort ein sicht- und fühlbares Ergebnis haben.

Ich muss kein Studium absolvieren, einen Kurs besuchen oder mich qualifizieren. Ich muss auch nicht monatelang üben, bis ich eine gewisse Technik beherrsche. Nein, ich kann es jetzt und sofort tun. Das ist das Überwältigende dabei.

Jetzt, wenn ich feststelle, dass ich eine Beklemmung spüre oder gestresst bin oder in Hektik, unter Druck arbeite, oder sich eine Angst in mir breit macht, fasse ich den Entschluss, in meine Essenz zu gehen.

Jetzt, sofort – und ich spüre die Ruhe, den Frieden, die Dankbarkeit und Weite, dass es da draußen nichts zu lösen gibt. Denn es ist schon alles da.

Ich bin sofort in einem anderen Seins-Zustand, der mich glücklich macht, der sich viel besser anfühlt und der meinem wahren Selbst entspricht. Und sofort ändern sich meine Aura, meine Ausstrahlung und mein Energiefeld. Die Menschen und Situationen um mich herum spüren diese neue Energie in mir.

Wenn wir immer öfter in unserer Essenz sind, bringen wir eine besonders wertvolle Saat aus, die besonders wertvolle und schöne Früchte hervorbringt, die sich in anderen, viel besseren Ergebnissen für uns manifestieren.

Nach dem Resonanzgesetz wissen wir, dass alles, was wir ins Universum hinein senden, vielfach zu uns zurück kommt. Das kann der Mangel oder die Fülle sein. Diese Entscheidung treffen wir in jedem Moment.

So wie wir beginnen, eine neue Fremdsprache zu lernen und zu vertiefen, so lernen wir nach und nach, ein Leben in Fülle verbringen zu wollen. Weil es sich zuerst einmal viel besser anfühlt und weil unser Lebensfluss langfristig in wunderbaren Bahnen verläuft.

Immer wenn wir an uns feststellen: „Ach, jetzt bin ich wieder gestresst!" Oder „Ah, ich spüre den Mangel in mir, dass ich mehr Geld haben will!" Oder „Jetzt denke ich wieder diese Mangelgedanken, die mich so viel Kraft kosten", dann beginnen Sie sofort mit den Übungen, um in Ihre Essenz zu kommen.

Erst wenn Sie wieder in Ihrem Herzen sind, beginnen Sie im Außen zu handeln. Sie bekommen dann die Idee und kreativen Einfälle, die Sie brauchen.

Je öfter Sie diese Mangelgedanken und Emotionen in sich wahrnehmen: „Aha, ich bin wieder im Gefühl von noch mehr haben zu wollen, ich mach mir Sorgen, ich tu mir selbst so schrecklich leid, und die anderen sind alle viel erfolgreicher und besser als ich ...", und je öfter Sie die Entscheidung treffen, jetzt sofort in Ihr Herz zu gehen, desto leichter wird es Ihnen mit der Zeit fallen. Und Sie leben immer mehr und immer öfter aus Ihrer Essenz heraus.

Sie schulen Ihre Achtsamkeit. Zwar sind die Gedanken und Emotionen noch da, Ihre Situation im Außen ist immer noch dieselbe, doch Sie entscheiden sich dafür, in Ihr Herz zu gehen. Sie entscheiden sich bewusst dafür, nicht im Mangel, in der Dualität und in der Trennung zu bleiben, sondern in die Fülle zu wechseln! Sie lassen Fülle einfach geschehen.

So lernt Ihr Gehirn nach und nach, die künstliche Ego-Persönlichkeit zurückzustellen. Sie üben einen neuen Ablauf ein. Sie machen sich bewusst, dass jeder Gedanke, jedes vermeintliche Problem und jede Situation, die Ihnen nicht gefällt, ein wertvoller Hinweis sein möchte, der Ihnen sagt: „Hey, Du bist nicht in Deiner Essenz! Geh in dein Herz, spüre Deine Fülle, lebe dein wahres Selbst! Jetzt!"

Die meisten von uns beginnen, hektisch im Außen aktiv zu werden. Sie verwirren und verstricken sich in immer mehr Chaos – innerlich und äußerlich. Sie bekämpfen die Hinweise, anstatt zu erkennen: „Ah, richtig, ich bin wieder in meiner Ego-Persönlichkeit verhaftet, in meinem falschen Selbst. Ich werde mich sofort dafür entscheiden, in mein Herz zu kommen."

Wenn wir in unserem Herzen sind und unsere Leichtigkeit, Ruhe, Lebensfreude und Kreativität spüren, bekommen wir wertvolle Impulse und Hinweise, was wir jetzt als nächstes tun sollen. Wir handeln dann jedoch von einer ganz anderen Bewusstseinsebene aus.

Wir müssen uns immer wieder klarmachen: Wir sind Fülle! Jeder! Wir sind frei! Die äußere Situation spielt dabei keine Rolle! Die Auswirkungen von einem Leben in der Fülle und einem Leben nach dem eigenen Seelenplan sind vollkommen unterschiedlich. Je nach Mensch und Lebensaufgabe erkennen wir, dass wir der Schöpfer unserer Realität sind, dass wir wirklich frei sind, und dass es keine Probleme gibt.

Jeder von uns ist aufgerufen, in jedem Moment in seine Fülle zu gehen.

Wenn wir anscheinend zu beschäftigt sind, keine Zeit für unsere Fülle haben, wenn wir mit dem Geld in Stress sind, zu viele Termine jeden Tag haben, in Beziehungen verwickelt sind, ist es gerade unsere Aufgabe, uns Zeit zu nehmen, um in unsere Fülle zu gehen.

Gerade dann sollten wir erkennen: Ich bin nicht dieses Problem, ich bin nicht diese Ego-Persönlichkeit – Ich bin reines Sein!

Daher sollten wir uns Zeiten schenken, wo wir bewusst und in Ruhe in unser Herz gehen: Beim Autofahren, in der S-Bahn, während Wartezeiten, im Büro, beim Einkaufen, beim Gemüseputzen, beim Duschen, in der Badewanne, in jeder Situation, mit der wir während des Tages belastet und gestresst sind – gerade dann sollten wir die Zeit nutzen und zwei Minuten investieren, um in unser Herz zu gehen. Die Fülle manifestiert sich in uns.

Bleiben wir jedoch in unserer Ego-Persönlichkeit und fangen an, hektisch im Außen zu wirken und Probleme zu lösen, dann wird unser Ego ein Problem nach dem anderen daherbringen, um uns immer weiter zu beschäftigen.

Wir sollten unsere Schöpferkraft kennen und sinnvoll nutzen! Wir haben die Macht, zu entscheiden, welchen Dingen, Menschen und Situationen wir unsere Aufmerksamkeit schenken. Daher sollten wir in jedem Augenblick achtsam sein!

Dies gilt natürlich auch bei Wohlstandsstress: Wenn Sie schon ganz viel haben und noch immer mehr wollen, wenn Sie unendlich viele Wünsche haben, was Sie noch alles kaufen und besitzen wollen, wenn Sie Menschen im Unternehmen führen und anleiten, sollten Sie als erstes in Ihr Herz gehen.

Es kommt nicht darauf an, wo Sie den nächsten Urlaub verbringen oder wo Sie die nächste Million anlegen wollen, es geht darum, dass Sie auch hier in Ihrer Ego-Persönlichkeit verhaftet sind und Ihr Ego Sie immer schön beschäftigt halten möchte. Egal ob Sie die Finca auf Mallorca kaufen oder den neuen Porsche bestellen – Sie handeln aus einem Haben-Wollen heraus, und das ist der Mangel des Egos. Sie sind immer am Rennen und immer am Machen. Sie sind niemals in Ihrer Fülle!

Daher sollten Sie erst in IhreFülle gehen, den Sinn Ihrer Aktivitäten spüren, es geschehen lassen und schauen, was Ihrem Lebensplan entspricht.

Dann fühlen sich die Dinge und die Handlungen sinnvoll und erfüllt an, dann kommen genau die richtigen Dinge in unser Leben – und es tut uns gut.

Der ganz normale Alltag fordert uns ständig dazu auf, in unser Herz zu gehen: Die Arbeit, die Menschen, die Kinder, die Aufgaben und Probleme sind Aufforderungen, immer wachsam zu sein: „Bin ich in meiner Fülle?" Es ist genauso, als wenn Sie in Ihr Auto einsteigen. Sie machen die Tür auf, setzen sich hinein und schnallen sich an. Wenn Sie es nicht tun, ertönt ein schriller Ton, je nach Automarke, mehr oder weniger schrecklich – aber er bringt Sie dazu, sich anzuschnallen – zu Ihrem Besten, zu Ihrer Sicherheit.

Und so ist es auch mit der Fülle: All die kleinen Alltagssituationen wollen genau dieser Ton sein, der Sie daran erinnert: „Hallo! Bist Du gerade im Ego oder bist Du in Deiner Essenz?"

Je öfter Sie in die Fülle gehen, desto öfter möchten Sie dort sein!

Auch wenn Sie am Anfang sagen: Was bringt mir der ganze Fülle-Hokuspokus? Hier liegen immer noch meine nicht bezahlten Rechnungen, die Probleme mit meinem Chef gehen davon nicht weg, und dass meine Kinder so frech sind, löst sich dadurch auch nicht …

Sie bestätigen sich mit diesen Worten, dass Sie abgrundtief im Mangel sind! Dass Sie sich minderwertig und klein fühlen, als Opfer der Umstände, die Sie nicht beeinflussen können.

Wäre es nicht sinnvoller, Sie würden hergehen und ein paar tiefe Atemzüge nehmen, Ihre Schultern aufrichten, die Augen schließen und die Weite Ihres Brustkorbs spüren? Sich selbst in einer großen Energiekugel zu sehen und zu erleben, wie die Energie hinausströmt ins große, unendliche Universum?

Vielleicht sind Sie ein Unternehmer, eine Führungspersönlichkeit, ein Geschäftsführer oder Vorstand, lesen dieses Buch und sagen sich innerlich: „Die hat ja keine Ahnung, was echter Stress überhaupt ist. Soll die doch mal den Laden am Laufen halten. Der Vertrieb macht, was er will.

Die Zahlen stimmen hinten und vorne nicht, der Vertriebsleiter hat gekündigt, und neue gute Leute zu bekommen ist gerade unmöglich, bei dem Fachkräftemangel.

Meine Frau meckert immer, dass ich keine Zeit für sie habe und nicht mehr mit ihr rede. Aber ich bin totmüde, wenn ich abends nach Hause komme. Warum kann die mich nicht einfach mal in Ruhe lassen? Und was mach ich mit den Rohstoffpreisen, die diesen Monat schon wieder um 3 % gestiegen sind? Sollen wir die Rohstoffe in China einkaufen? Ist das auf Dauer sinnvoller? Was soll der ganze Fülle-Quatsch? Wenn die noch Zeit hat, hundertmal am Tag in ihr Herz zu gehen, dann hat die Frau einfach den falschen Job … Was soll der Blödsinn?"

Tja, liebe Leserin und lieber Leser, hier hängt jemand zu tausend Prozent in seiner Ego-Struktur fest. Der Mangel läuft sozusagen in wilden Strömen aus seinem Gehirn heraus. Und doch wäre es auch für so einen Menschen, bevor er im totalen Burnout landet, die beste Idee, immer wieder in sein Herz zu gehen.

Ja, nicht alle sind bereit, ihr Ego loszulassen. Manchmal muss man die Menschen so lassen, wie sie sind. Irgendwann kommen sie von selbst – oder auch nicht.

Ich hatte schon unzählige Menschen, die spätestens nach einem zwölfwöchigen stationären Aufenthalt in renommierten Burnout-Kliniken um eine Beratung baten, weil sie von ihrem alten Leben angewidert waren und niemals dorthin zurück wollten.

Ein Leben aus dem Herzen heraus möchte und kann man niemandem aufzwingen wie ein Dogma. Jeder sollte es für sich selbst wünschen und vor allem auch wollen: Die persönliche Freiheit, den inneren Frieden, die kindliche Freude und die Kreativität, mit neuen Ideen und Impulsen die eigene Lebensbestimmung zu finden und zu leben.

Morgens sollten wir den Wunsch verspüren, in unser Herz zu gehen, unser Energieniveau zu steigern und auf der höchsten Frequenz zu senden. Achtsamkeit und Dankbarkeit sollten uns begleiten. Probieren Sie es einfach mal aus! Es ist wirklich simpel, wenn man dran bleibt!

Kapitel 7:
Geldmangel – Geldfülle

Was ist Geld, warum brauchen wir Geld?

Betrachten wir Geld auf der physischen Ebene: Wir sehen etwas Papier in unseren Händen, ein paar Münzen, einen Zettel, den wir Kontoauszug nennen und ausdrucken. Daraufhin freuen, wundern oder ärgern wir uns, je nachdem, welche Zahlen dort stehen.

Wurden alle Rechnungen, die wir gestellt haben, pünktlich bezahlt? Wurden wir gemahnt? Wurde ein Betrag von unserem Konto abgebucht, den wir nicht nachvollziehen können? Kam unser Gehalt mit dem Urlaubsgeld pünktlich?

Geld an sich hat keinen oder nur einen geringen Wert. Vielleicht das Papier oder der Rohstoff, aus dem es gedruckt oder geprägt wurde. Es hat vielmehr einen ideellen Wert, den wir ihm gegeben haben. Denn auf der psychologischen Ebene tauschen wir Geld untereinander aus, weil wir ein stillschweigendes Agreement untereinander abgeschlossen haben.

Wir haben uns in den unterschiedlichsten Gesellschaften darauf verständigt, dass Geld ein akzeptiertes Tauschmittel ist, das von allen anerkannt und benutzt wird. Je nach Kultur und Land wurde dem Geld ein gewisser Wert zugeschrieben, der je nach Kurs schwanken kann. Nach diesen Gesetzmäßigkeiten funktionieren Handel und Wirtschaft seit Tausenden von Jahren.

Immer sehen wir nur Zahlen auf unserem Computer: Online-Banking, diverse Bankgeschäfte, Depots, Aktien, An- und Verkäufe funktionieren im Großen und Ganzen nach demselben Prinzip. Wir handeln heute mit Geld, das es tatsächlich gar nicht gibt. Geld, das nur in Zahlen auf irgendwelchen Computern erscheint und mit dem ernsthaft gehandelt wird.

So wird Geld immer undurchschaubarer. Für viele Menschen waren der Bankencrash und die Wirtschaftskrise 2009 ein Konstrukt, das sie nur teilweise verstehen und nachvollziehen konnten. Für viele Menschen ist es ein großer Vertrauensbruch, dass es die Banken vollkommen kalt lässt, welchen Schaden sie damals produziert haben, und dass weiterhin genauso wild spekuliert und gehandelt wird. Die Menschen haben immer mehr Angst um ihr Geld und wissen oft nicht, wo sie es sicher anlegen können.

Das ganze Prozedere, das wir auf der Welt um Geld treiben, hat eine unglaublich große psychologische Komponente. Das müssen wir uns klar machen. Emotionen wie Ängste, Sorgen, Zweifel, Stolz, Bewunderung werden oft durch den Umgang mit Geld verursacht.

Wie wir nun erfahren haben, ist alles in diesem Universum Energie, also auch das Geld, mit dem wir arbeiten, das wir anlegen, das wir uns leihen oder verdienen. So kommen wir nun auf der energetischen Ebene an.

Demnach geht es beim Geld auch um den Grad des Bewusstseins, der Energie, die wir ihm mitgeben in Form von Gedanken. Entscheidend ist die Frequenz, die mit dem Geld wirksam ist.

So gibt es Menschen, die mit Leichtigkeit und Fülle Geld betrachten, denen das Geld gerne entgegen kommt, bei denen es sich vermehrt. Es gibt Menschen, deren Anzahl ungleich größer ist, die ständig Angst haben, dass ihnen das Geld ausgeht, dass sie nicht genug bekommen und sie sich ihr Geld hart verdienen müssen. Sie handeln aus tiefstem Mangel heraus und sind ständig in Sorge um ihr Geld. Sie laufen sozusagen dem Geld hinterher. Mit mäßigem Erfolg übrigens.

Selbst wenn es bei diesen Menschen zeitweise ganz gut läuft und sie ein Polster auf der Bank erwirtschaftet haben, fühlen sie sich bald wieder schlecht. Denn das Geld könnte ja auf der Bank verloren gehen, der Aktienkurs könnte fallen oder ein Wirtschaftsabschwung würde zu einer Geldentwertung führen. Diese Menschen bleiben also auch dann im Mangel, wenn genügend Geld vorhanden ist.

Auch Geld folgt nur der Resonanz, wie jede Energieform. Menschen, die in Fülle sind, aus ihrer Essenz heraus leben, ziehen Geld immer an. Menschen im Mangel werden immer mit Geldmangel zu tun haben.

Sie sollten erkennen, dass es an Ihnen liegt, wie Sie mit Geld umgehen.

- Welche Gefühle löst Geld in mir aus?
- Wie fühle ich mich mit Geld?
- Steigt mein Selbstwert, wenn ich mehr Geld besitze?
- Bin ich in meinen Stimmungen abhängig von Geld?
- Fühle ich mich arm, wenn ich weniger Geld habe?
- Sehe ich Geld als Energieform an, die ich selbst beeinflussen kann?

Finden Sie heraus, welches Bewusstsein Sie in Sachen Geld haben; denn dies sagt aus, auf welcher energetischen Frequenz Sie senden. Ihr Geldbewusstsein zeigt Ihnen einen gewissen Anteil Ihres gesamten Füllebewusstseins.

Auch hier wurden die Weichen in der Kindheit gelegt:

- Wie gingen meine Eltern mit Geld um?
- War Geld immer knapp?
- Waren meine Eltern reich und hielten mich kurz?
- Waren sie sogar geizig und gönnten sich selbst nichts?
- Liebten meine Eltern Geld und zeigten mir, wie man mit Geld Gutes tun konnte?
- Hatten meine Eltern Respekt vor Geld und dessen Möglichkeiten?
- Lebten meine Eltern mir vor, dass man Geld „hart erarbeiten" muss?

Wenn Sie sich diese Fragen anschauen, merken Sie sofort: es geht hier in Wahrheit gar nicht um Geld. Es geht insgesamt um Ihr Füllebewusstsein.

Denn wenn Ihre Eltern und Sie selbst ein hoch entwickeltes Füllebewusstsein hatten und haben, dann bewegen Sie sich in dieser hohen Energiefrequenz und senden Überfluss aus. Sie zeigen sich und anderen, dass Sie aus dem Vollen schöpfen. Damit ziehen Sie automatisch andere an, die genauso denken. Doch dies hat mit Geld an sich nur wenig zu tun.

Es gibt massenhaft Menschen, die sehr viel Geld besitzen und keineswegs in Fülle leben. Erst mal sind viele dieser Menschen vollkommen unter Druck, bis sie so eine Menge von Geld erarbeitet haben. Und danach sind sie wieder im Stress, weil sie dieses Geld zu der höchsten Rendite anlegen und dabei Risiken eingehen müssen. Sie haben Angst, dass sie dieses Geld wieder verlieren könnten.

Übrigens geht es auch niemals um einen genauen Geldbetrag, wenn Geld uns stresst oder uns Fülle signalisiert. Es hängt einzig und allein von unserem Füllebewusstsein ab, wie wir reagieren. Wir können Millionär sein und uns immer noch arm fühlen. Wir können aber auch mit einem durchschnittlichen Gehalt Fülle empfinden und zufrieden leben.

Der Geldbetrag an sich ist vollkommen nebensächlich. Es geht um unser Inneres. Begreifen wir uns im Mangel, werden wir immer im Mangel leben. Begreifen wir uns in der Fülle, werden wir immer zufrieden sein und Lebensfreude spüren, mit der wir uns reich und lebendig fühlen. Geld ist ein Hinweisgeber, ob wir uns innerlich im Mangel oder in der Fülle befinden.

Im Umgang mit Geld geht es vor allem um unsere Bewusstseinsebene und unsere Achtsamkeit.

Kann ich in jedem Augenblick präsent sein? Bin ich gegenwärtig und spüre meine Fülle, die immer vorhanden ist, egal, wie viel Geld ich besitze? Oder jage ich im Außen Dingen und Geschäften hinterher und erwarte, dass ich reicher und vermögender werde?

Geld ist ein Anteil an unserem Füllebewusstsein. Doch auch Zeit gehört dazu. Zeit ist ein großer Anteil an unserem Füllebewusstsein. Hektik, Stress, Druck, zu wenig Zeit sind ein Zeichen von Mangel. Genügend

Zeit zu haben, um die anstehenden Dinge in Ruhe und Bewusstsein zu erledigen, ist ein Zeichen von Fülle.

Ideen, Inspiration, Ressourcen und Kreativität sind ein Zeichen von Fülle. Was nützen mir die besten Ideen und Vorhaben, wenn ich keine Menschen finde, die mich dabei unterstützen? Oder habe ich genügend Ressourcen wie Geld, Räume und Menschen, jedoch habe ich keine Zeit, meine Visionen zu verwirklichen? Das alles ist ein Zeichen meines Füllebewusstseins! Geld ist dabei wirklich nur ein relativer Anteil, ein wichtiger zwar, aber die Gesamtheit der Fülle ist der entscheidende Punkt.

Geld ist wichtig, wenn ich tolle Pläne und Visionen habe, genügend Zeit und Menschen, die mich dabei unterstützen wollen. Dann brauche ich Geld – zweifellos. Alle Facetten meines Füllebewusstseins spielen sich gegenseitig die Bälle zu, ergeben sich wie ein Puzzle, wenn ich immer öfter in meiner Essenz bin.

Wenn ich mich bewusst auf mein Herz einlasse, wenn ich in Fülle bin, wenn ich den Fokus auf mein wahres Sein richte, bin ich inspiriert. Ich fühle mich lebendig, kreativ und voller Schaffenskraft.

Ich fühle mich reich und lebendig. Ergebnisse verändern sich, neue Menschen kommen in mein Leben. Ich rede aus der Fülle und spreche die Fülle in diesen Menschen an. Ich wirke begeistert und wirke auf andere begeisternd.

So bekomme ich genügend Unterstützung in Form von Manpower, Geld, Zeit und Know-how. Es ist entscheidend, dass wir aus der Fülle heraus handeln, damit andere inspirieren und für uns gewinnen. Jeder trägt seinen Anteil daran. Doch Menschen, die aus der Fülle heraus agieren, können ganz Großes bewegen.

Die Ego-Strukturen „Wie kann ich möglichst viel Geld verdienen?", „Wie kann ich schnell bekannt und berühmt werden?" und „Wie schaffe ich es, besser und erfolgreicher als die anderen zu sein?" entspringen der Kleinheit und der Begrenztheit unseres Verstandes.

Ein anderer Aspekt im Umgang mit Geld ist das Mangeldenken von Menschen, die sich auf den Weg machen und etwas „tun". Aus ihrem geistigen Mangeldenken heraus fragen sie sich ständig: „Was bringt mir das eigentlich? Was springt für mich dabei heraus? Ist es mir das wert, dass ich mich überhaupt engagiere? Was bekomme ich dafür?"

Egal, ob Sie solche Gedanken und Worte aussprechen oder nur diese innere Haltung vertreten: Sie verkünden den anderen damit: Ich bin im Mangel. Sie drücken Ihr Ego-Haben-Wollen aus, weil sie nicht genug haben und noch mehr brauchen.

Sie sind der Meinung, Sie müssten erst etwas tun, um noch mehr zu bekommen. Sie sind ein Ego unter vielen Egos. Und alle wollen etwas haben. Es ist Ihre Geisteshaltung, die Ihren Mangel ausdrückt. Ihre Ausstrahlung in einer niedrigen Energiefrequenz zieht nach dem Resonanzgesetz nur solche Menschen an, die genauso denken und fühlen wie Sie. Damit werden Sie immer nur mangelhafte Ergebnisse erzielen.

Wenn Sie ein solches Gefühl in sich wahrnehmen, so etwas spüren, dann beschließen Sie sofort, in Ihr Herz zu gehen. Denn Ihr Lebensfluss möchte, dass Sie geben. Dass Sie dankbar dafür sind, wenn Sie geben dürfen.

Wir sind auf dieser Welt, damit noch mehr Fülle aus uns heraus entsteht. Wenn wir aus der Fülle heraus leben, fragen wir uns „Was kann ich dazu beitragen? Welche Möglichkeiten habe ich, um dort etwas voranzubringen? Wo kann ich helfen?"

Es geht dabei nicht darum, anderen Geld zu geben. Sie können so viel geben: Jemandem Ihre Zeit, Ihre Aufmerksamkeit schenken, Ihr Wissen und Ihre Erfahrung weitergeben. Je mehr Sie andere an Ihrer Fülle teilhaben lassen, umso mehr bekommen Sie davon zurück. Die Fülle breitet sich in Ihrem Leben immer mehr aus.

Fühlen Sie die Fülle in Ihrem Herzen!

Jetzt! Sie denken nicht, wo kann ich jetzt möglichst schnell viel Geld verdienen, sondern Sie sind inspiriert durch Ihre Fülle. Jetzt! Sie handeln aus dem Augenblick heraus und ziehen damit automatisch noch mehr Fülle an.

Wir sind kreativ, bekommen die nötigen Impulse aus der Fülle. Wir inspirieren andere Menschen, sprechen deren Fülle an, und sie werden begeistert ihr Potential dazu beitragen. So fügen sich alle Puzzle-Teile auf der hochgeistigen Ebene zusammen. Wie ein Magnet werden all die Dinge angezogen, die wir zur Erfüllung unseres Seelenplans brauchen – Zeit, Energie, Geld und Menschen.

Wir brauchen alles zur richtigen Zeit am richtigen Platz. Wenn wir unsere Lebensbestimmung umsetzen, wird genau das Geld da sein, das wir brauchen. Die Zahlen spielen dabei keine Rolle.

Unser Verstand kann niemals groß denken. Dafür wurde er nicht geschaffen. Nur unser wahres Selbst sprengt alle Ketten! Menschen, die aus ihrer Fülle heraus handeln, sprühen nur so vor Energie und Kreativität. Sie strahlen wie weißes Licht. Sie sind mit dem Universum verbunden und glauben ganz fest an sich.

Versuchen Sie zunächst einmal, in ganz „normalen" Alltagssituationen achtsamer zu sein. Wenn Sie sich wieder einmal in Ihren eigenen Gedanken verstricken, wenn Emotionen in Ihnen hochsteigen und Sie das Gefühl haben, überrollt zu werden, dann sagen Sie einfach: „Stopp! Ich steige da aus, ich mach da nicht mehr mit." Beschließen Sie, genau jetzt in diesen Moment zu kommen. Keine Gedanken mehr, was Sie gleich haben werden, keine Emotion mehr, die Sie stört und nervt.

Es geht einfach darum, sich selbst klar zu machen, dass wir immer die Wahl haben: Wir bestimmen selbst, ob wir den Schalter auf Ego stellen oder auf Essenz. Somit wird uns immer bewusster, dass wir der Schöpfer unserer Realität sind. Wir müssen niemals als Opfer in Situationen verharren, die uns lähmen, krank machen und Energie rauben.

Es kommt in jedem Moment darauf an, wohin wir den Fokus richten. Wir können ihn nach außen richten, auf andere Menschen und Situationen oder ganz einfach auf unser Herz.

Wenn es Ihnen am Anfang nicht gelingt, in Ihr Herz zu kommen, genügt einfach die Absicht, dass Sie Ihre Energie in Ihr wahres Selbst leiten. Schon die Absicht allein bringt Sie in den jetzigen Moment. So werden Sie der Beobachter Ihres Verstandes, Ihrer Gedanken und Ihrer Emotionen.

Sie wissen genau, dass Ihre Ego-Persönlichkeit aus früheren Erfahrungen, Traumata oder sogar Leben besteht und dass Sie immer die Wahl haben, dies zu verändern.

Es lohnt sich, sich auf den Weg zu machen!

Kapitel 8:
Unsere Beziehungen

Verwirrt es Sie, wenn ich behaupte, dass wir im Grunde nur eine einzige Beziehung haben? Es ist die Beziehung zu uns selbst.

Ständig sind wir dabei, diese Eigenbeziehung nach außen zu projizieren. Und so spiegeln uns andere Menschen diese eine Beziehung zurück. Normalerweise sehen wir Beziehungen als etwas, was da draußen passiert. Wir haben immer Probleme mit anderen Menschen und Situationen, die wir lösen wollen.

Ich denke da nur an meine Beratungen in unterschiedlichsten Unternehmen. Es gibt Konflikte zwischen den Mitarbeitern, auf der Geschäftsleitungsebene, Differenzen zwischen Chefs und Mitarbeitern. Unzählige innere Kündigungen werden wie ein Schwelbrand Monate und sogar Jahre latent am Leben gehalten. Ernsthafte Auseinandersetzungen und Konkurrenzdenken herrschen auf der Vorstandsebene, wo die Luft sowieso immer dünner wird.

Wir erleben Beziehungen oftmals als belastend und schwierig. Wir verbringen enorm viel Zeit und Aufwand damit, die anderen ändern und umformen zu wollen. Oder – für etwas Fortgeschrittene – an der Beziehung zu arbeiten, was genauso verschwendete Energie ist.

Es ist einfach die Wahrheit, dass wir nur eine einzige Beziehung haben: die zu uns selbst. Die anderen spiegeln uns die Energieblockaden, an denen wir noch arbeiten sollten, um die Energie wieder fließen lassen zu können.

Die einzig bedeutsame Beziehung ist die unserer Ego-Persönlichkeit zu unserem wahren Selbst.

Es geht in Beziehungen darum, zu verstehen, was unsere äußeren Beziehungen uns zeigen wollen und dann genau dies als Energieblockade aufzulösen.

Wir sollten uns immer wieder klarmachen, dass all die Dinge, die wir über einen anderen Menschen äußern, ein bestimmter Teil von uns selbst sind: all unsere Bewertungen, Beurteilungen und Meinungen über das Verhalten und Auftreten von anderen, unseren Kollegen, Kindern, Partnern, Eltern, Bekannten, Freunden und Verwandten, also alles, was wir an anderen gut finden bzw. ablehnen und kritisieren.

Wenn wir über andere sprechen und urteilen, sprechen wir also immer über uns selbst. Es geht immer um die Beziehung zu uns selbst.

In allen Beziehungen ist das so: Unsere Gesundheit zeigt uns die Beziehung an, die wir zu unserem Körper haben. Sind wir krank, stimmt die Beziehung zu unserem Körper nicht. Wir haben die falschen Ego-Gedanken gedacht und uns unter der Leitung unseres ego-gesteuerten inneren Schweinehunds unserem Körper gegenüber falsch verhalten.

Genauso zeigt uns unsere finanzielle Situation, welche Beziehung wir zum Geld haben. Wie ist unsere Einstellung zu Geld? Sehen wir Geld als Energiefluss an oder als etwas, das den Charakter verdirbt?

Wir durchleben also im Laufe der Jahre unterschiedlichste Beziehungen, die uns immer weiterbringen wollen. In unserer Selbsterkenntnis über uns selbst, indem sie uns unser Innenleben spiegeln.

Da jeder in unserer Gesellschaft Beziehungen erlebt, achtet normalerweise jeder darauf, sich so zu verhalten, dass andere ihm nutzen oder dienlich sind. Man sucht seinen Traumpartner bzw. seine Partnerin für eine Ehe, man sucht den bestmöglichen Arbeitgeber, die zuverlässigste Bank, die sympatischsten Freunde und Bekannten.

All diese Menschen sind ein psychologischer Kontrollmechanismus für Beziehungen, denn alle ticken nach denselben Regeln: Ich muss mich so verhalten, dass die anderen mich interessant, toll und wichtig finden. Erst dann werde ich anerkannt und geliebt.

Diese Haltung kennen wir aus Kindertagen; denn auch dort waren wir gezwungen, uns die Liebe der Eltern zu verdienen. Dies wurde uns allen zum Verhängnis. Es waren nicht so sehr die eigenen Talente und

Charakterzüge, von denen die Erwachsenen um uns herum begeistert waren. Es war eher das „reibungslose Funktionieren", das uns als angenehmes Kind Lob und Anerkennung einbrachte.

Gute Schulnoten, fleißiges Üben und Lernen, ein Hobby, das unsere Eltern für gut befanden, brachten uns Zuwendung, Geborgenheit und Wärme entgegen. Handelten wir jedoch nach unserem eigenen Kopf, waren wir also wütend oder traurig, weil wir spürten, dass wir uns immer mehr verbogen, so reagierte unsere Umwelt mit Ablehnung und Kritik („so ein anstrengendes Kind"), wir wurden zum Problemkind.

Oft musste dies nicht einmal ausgesprochen werden. Ein böser Blick und die Atmosphäre, die Art des Umgangs mit uns, all das genügte, um uns zu vermitteln: So wollen wir dich nicht haben. Du bist uns zu anstrengend!

Liebesentzug war und ist ein allseits beliebtes Mittel, um Kinder auf Kurs der Erwachsenen zu halten. Es ist eines der schlimmsten Missbrauchsmittel und doch ist es so herrlich einfach zu handhaben: Einfach das Kind links liegen lassen, ihm nicht mehr antworten, es nicht mehr beachten, es wie Luft behandeln – dann wird es schon irgendwann angekrochen kommen. Natürlich kommt es angekrochen, denn es muss.

Psychischen Missbrauch in dieser schlimmen Form haben unzählige von uns erlebt und fanden dies „ganz normal". So normal, dass sie es an den eigenen Kindern weiter leben. So erlitt der Selbstwert von Millionen von Kindern in Tausenden Generationen von Menschen ziemlich früh Schiffbruch. Minderwertigkeit breitete sich dafür immer mehr aus, denn wir alle spürten die Botschaft:

„So, wie ich bin und wie ich fühle, bin ich nicht in Ordnung. Irgendetwas stimmt nicht mit mir. Die anderen müssen es schließlich besser wissen als ich. Also werde ich nach deren Vorgaben leben, denn dann werde ich schließlich geliebt."

So bildet die Ego-Persönlichkeit in frühen Kindheitsjahren das wahre Selbst in die Schranken, um sich selbst dick und fett auszubilden. Es ist wirklich traurig, aber wahr.

Durch Tausende von kleinen und großen Erfahrungen und Erlebnissen wird uns vermittelt, dass wir es nicht schaffen können, dass wir nicht okay sind, dass wir Hilfe brauchen, dass man es anders macht, als wir uns denken, dass die anderen stärker und mächtiger sind als wir.

So zerbröselt unser ehemals starker Selbstwert, und wir werden klein und schwach. Aus unserem unglaublichen Selbstwert, den wir bei unserer Geburt mitgebracht haben, wo uns nichts und niemand aus der Ruhe bringen konnte, werden schwache, bedürftige Ego-Persönlichkeiten.

Jahrelang wird uns ein Obrigkeitsdenken implementiert, bis wir glauben, dass es Eltern, Lehrer und der Staat besser wissen als wir. Wir zeichnen ein neues Bild von uns, das diesen Glauben unterstützt. Denn schließlich versuchen wir nun, all diese Erwartungen und Ansprüche, die andere an uns haben, zu erfüllen. Somit werden wir uns selbst immer fremder, denn unser starkes wahres Ich verblasst immer mehr. Das falsche Ego-Selbst wird immer größer und stärker.

Immer stärker spüren wir die Trennung zwischen dem Ich und den anderen. Die Stimme in uns, die aus unserem Herzen kommt, unsere Intuition, wird immer mehr von unserem Verstand, dem Denker in uns, übertönt.

Bei manchen Menschen ist die Herzensstimme ganz verstummt, bei einigen spricht sie noch ganz leise. Und bei manchen wird sie schnell ganz stark, wenn wir beginnen, in unser Herz zu gehen.

So kommt es, dass wir uns von anderen Menschen und von äußeren Situationen abhängig machen:

- Wie denkt mein Chef über mich?
- Was denkt mein Nachbar über mich?
- Bin ich zu dick?
- Wie steht mir der Anzug?
- Was halten meine Kollegen von mir?
- Ich muss dieses Auto unbedingt haben, es steht mir verdammt gut!

Wie in Kindertagen fleißig geübt und einstudiert, wollen wir immer die Meinung der anderen über uns wissen. Die meisten von uns leben in tiefem Mangel und in Abhängigkeiten, denn der wankende Selbstwert führt sie immer wieder in Minderwertigkeiten und Selbstzweifel.

So ist das übrigens auch bei den Reichsten und Schönsten dieser Welt! Mangeldenken, Minderwertigkeit und ein instabiler Selbstwert machen auch vor Millionären, Vorständen und Königen nicht halt. Da sind wir Menschen alle gleich. Dies für Sie zur Beruhigung!

Wir können niemals frei sein, solange wir uns an Beziehungen gebunden fühlen. Aufgrund der Resonanz kommt genau das in unser Leben, was wir ausgestrahlt haben. Wir haben eine Eigenbeziehung und strahlen diese nach außen aus. Die Menschen und die Situationen, die in unser Leben kommen, sind niemals zufällig. Sie spiegeln uns unsere innere Beziehung zu uns selbst wieder.

Es geht aber gar nicht so sehr um die Spiegelung der Beziehungen, sondern darum, dass wir in unser Herz kommen. Beziehungen sollen ein Aufruf zu unserer Freiheit sein. Die Inhalte und Konflikte von Beziehungen spielen dabei keine Rolle. Normalerweise erwarten wir von einer Beziehung etwas, was komplett unmöglich ist. Wir wechseln Partner und Beziehungen, erwarten immer, dass es nun endlich der ist, der uns glücklich machen kann, und wieder klappt es nicht.

Wir wissen nämlich nicht, dass wir alles Glück und alle Geborgenheit, die wir brauchen, bereits in uns haben. Nur haben wir unsere Aufmerksamkeit bisher immer nach außen gerichtet und nicht nach innen. So konnten wir diese Fülle weder fühlen noch wahrnehmen. Wir haben sie ganz einfach übersehen und dies dafür von Menschen und Situationen eingefordert.

Wir müssen aufhören zu suchen. Wir können es dort draußen gar nicht finden, denn es ist in uns, es war schon immer in uns. Wir sollten den Frieden, die Freude und die Liebe in uns fühlen. Wir brauchen niemanden, der uns glücklich macht. Wir müssen uns nur auf uns selbst konzentrieren.

Jede Emotion in Beziehungen, wie Erwartungen, Kritik, Meinungen, Konflikte oder Enttäuschungen soll uns lediglich darauf hinweisen, dass wir zu uns kommen sollen. Wir sollen endlich aufhören, da draußen zu suchen.

Wir brauchen keine Dramen und Abhängigkeiten. Wir sollten bedingungslos lieben, weil wir einfach Liebe sind und diese teilen wollen. So können wir unsere Beziehungen komplett verändern, wobei die Beziehung keine Rolle spielt, ob zu den Kindern, Eltern, Freunden, Kollegen oder zum Partner. Es ist immer die gleiche Vorgehensweise.

Wir sollen wählen: Bleiben wir da draußen, wollen wir etwas haben und bekommen, dann sind wir wieder auf dem Holzweg und werden ein weiteres Mal scheitern. Oder nutzen wir den Hinweis, den uns Menschen und Situationen geben, um bewusst zu werden.

Wir sind Liebe. Wir sind schon immer reiner Geist. Wir brauchen nichts einzufordern. Es ist schon alles da.

So können Beziehungen uns zu unserer eigenen Freiheit führen. Dazu sind sie schließlich da. Dies ist ihr Zweck. Nutzen Sie in Zukunft Beziehungen für sich, um frei zu werden. Dies gilt übrigens für alle Beziehungen. Unsere Beziehung zu Geld, zu Status und Macht sollten wir als Hinweis nutzen, dass wir die Wahl haben und unsere Realität selbst bestimmen können.

Auch wenn wir keine Beziehung zu einem Lebenspartner haben und Einsamkeit spüren, soll dies ein Hinweis sein, in die eigene Essenz zu gehen. Dort erleben wir unsere wahre Natur, dort können wir Achtsamkeit üben und immer mehr Fülle erlauben und genießen.

Unsere göttliche Essenz ist unser wahres Selbst, und genauso ist es bei dem anderen. Also immer, wenn wir wieder in unserem Ego feststecken, sollten wir unseren Blickwinkel wechseln und das wahre Wesen des anderen sehen, genauso wie unser wahres Selbst. So kann Harmonie und Frieden entstehen. Wenn wir über Ego-Strukturen hinwegsehen können, kommen wir auf die Ebene, wo alles bereits gelöst ist.

So kann dies in die äußere Realität hineinwechseln. Die Stimmung verändert sich, wir sprechen andere Worte, unsere Lebensqualität ist nicht vom anderen abhängig, wir haben keine Schuld, wir sind nicht verstrickt, wir sind frei – also verzichten wir auf das Ego-Spiel, denn wir spüren unsere Essenz und brauchen diese Beziehung gar nicht.

Auch dies ist wiederum ein Quantensprung. Es sind auch in Beziehungen nur Millimeter, die uns in Konflikte und Auseinandersetzungen führen oder uns frei werden lassen. Wir haben die Wahl: Ego oder Essenz.

So gelangen wir in Beziehungen auf eine höhere Bewusstseinsebene. Wir sind mit anderen Menschen in Resonanz: Freude, Liebe und Fülle kommen zu uns. Trennendes und Beklemmendes bleibt immer mehr von uns weg.

Wir schaffen uns immer mehr eine Realität, die aus Liebe, Freude und Frieden besteht. Denn wir bleiben immer länger in diesem Zustand der Fülle. Wir senden Energie auf einer höheren Frequenz. Wir gehen bewusster mit der äußeren Realität um und ruhen dabei immer länger in unserem Herzen, in unserer Mitte. Wir sind entspannter, sanfter und gelassener. Wir fordern von Beziehungen nichts, haben keine Erwartungen, sondern sind bereit, bedingungslos zu lieben.

Treffen Sie diese bewusste Wahl immer öfter. Nutzen Sie jede Gelegenheit, die Ihnen Menschen und Situationen bieten. Verbringen Sie immer mehr Zeit in Ihrer Essenz. Spüren Sie Ihre Energie und Ihr Licht. Werden Sie immer bewusster.

Um sich aus dem Geflecht von Glaubenssätzen, Dogmen und Denkmustern aus Kindertagen befreien und zu wahrer Freiheit gelangen zu können, bedarf es einer großen Achtsamkeit Ihrerseits. In jedem Augenblick sollten Sie Ihre Gedanken, Ihre Gespräche und Ihre Handlungen überprüfen und sich fragen:

Handle ich jetzt gerade als Ego-Persönlichkeit oder handle ich voller Mitgefühl, Freude und Frieden aus meinem Herzen, meinem wahren Selbst heraus?

Jedes Mal, wenn Sie aus Ihrem Herzen, aus Ihrer Essenz heraus sprechen, denken und handeln, wird Ihr Selbstwert stabiler werden. Sie werden sich immer mehr selbst bewusst, Sie senden auf einer höheren Frequenz. Andere Menschen kommen in Ihr Leben, die genau wie Sie auf einer höheren Bewusstseinsebene angekommen sind.

Diese Menschen verhelfen Ihnen zu Ihrer persönlichen Freiheit. Diese Menschen werden Sie nicht manipulieren und kontrollieren. Genau wie Sie suchen diese Menschen die Unabhängigkeit und die innere Freiheit.

Achtsamkeit in Beziehungen zu Menschen, Geld und Situationen ist also ein wichtiger Schritt in Richtung Befreiung. Und so kommt jeder Mensch in Ihr Leben, um Sie bewusst zu machen und von Ihrem Ego zu befreien. Ist das nicht wunderbar?

Wenn Sie diesen Blickwinkel eingenommen haben, werden Sie niemanden mehr kritisieren und verurteilen müssen. Sie wollen nicht mehr Recht haben, weil Sie gelernt haben, für sich selbst zu sprechen, sachlich und ruhig.

Es gibt keine Streitereien mehr um unnütze Kleinigkeiten. Es ist für Sie belanglos, ob der andere streiten möchte. Mit Menschen, die bewusst sind, kann man nicht streiten.

Als Mensch, der aus seiner Essenz heraus lebt, sagen Sie offen und höflich Ihre Meinung. Sie erklären Ihre Sicht der Dinge, auch wenn andere es anders sehen. Sie lassen dem anderen seine und bewahren sich Ihre Meinung.

Wenn Sie spüren, dass Freundschaften oder Beziehungen an einem Endpunkt angekommen sind, lassen Sie diese Menschen in tiefer Liebe und Wertschätzung weiter ziehen. Ohne Bewertung und Verurteilung. Sie vertreten eine Haltung von vollkommener Wertneutralität.

Für Sie ist kein Mensch gut oder böse, richtig oder falsch. Ein Mensch ist wie er ist.

Wenn es keine Kompatibilität mehr zwischen Ihnen und einem anderen Menschen gibt, ist nicht der Mensch verkehrt. Die Beziehung hat ihre Aufgabe erfüllt und geht nun zu Ende.

Ohne Krach und hässliche Szenen können Sie dann Abschied nehmen. Egal, ob es sich um eine Arbeitsstelle, einen Kollegen, einen Lebenspartner oder um einen sterbenden Menschen handelt, der Ihnen nahestand.

Diese Menschen sind niemals „weg". Sie sind immer in Ihrem Herzen, und dort leben sie weiter, ein Leben lang.

Kapitel 9:
Wie wirkt Self-Fulfilling Management®?

Self-Fulfilling Management brachte ich 2005 erstmals auf den deutschen Markt. Es handelt sich dabei um ein Management-Tool, das sich aus sich selbst heraus entwickelt hat und noch heute ständig verfeinert und verbessert wird.

In all meinen Beratungen und Seminaren, in unzähligen Gesprächen mit Klienten, Psychologen, Chefärzten an exklusiven Burnout-Kliniken und mit meinen Kollegen aus der Glücksforschung bekam ich immer mehr Know-how. Ich verstand Zusammenhänge und erkannte, dass unser Denken, Fühlen und Handeln über Erfolg und Misserfolg in unserem Leben entscheiden.

Nach dem intensiven Arbeiten mit zahlreichen Fachbüchern fügte ich die einzelnen Fakten wie ein Puzzle-Spiel stimmig zusammen. Heraus kam dieses wunderbare Mentaltraining, das schon so viele Menschen vor Burnout und anderen Krankheiten bewahrt hat.

Lassen Sie es mich so beschreiben: Unsere Gesellschaft tickt nach gewissen Gesetzmäßigkeiten. Von unserer Mentalität her funktionieren wir im Grunde alle sehr ähnlich. Es gibt einige Verhaltensmuster, die die meisten ehrgeizigen Menschen leben oder anstreben: Besitz erwerben, Geld anlegen, sich um die eigene Gesundheit sorgen, Perfektionismus, Strebsamkeit, Ziele realisieren, Visionen ausmalen und erreichen.

Man könnte es auch so ausdrücken: Es gibt eine bestimmte Gruppierung von Menschen, die nach diesen Denk- und Verhaltensmustern funktionieren und leben.

Merkwürdigerweise ist Burnout ein überwiegend deutsches Phänomen. In den USA, Skandinavien, Asien und anderen europäischen Ländern ist die Anzahl von Burnout-Erkrankten nicht annähernd so hoch wie in Deutschland.

Demnach war ich auf der Suche nach einem hocheffizienten Mentaltraining, das überwiegend präventiv eingesetzt werden kann. Denn wenn man erst einmal an Burnout erkrankt ist, ist eine hundertprozentige Heilung, Genesung und Rehabilitation ungleich schwieriger, als wenn man versucht, Burnout zu vermeiden und zu verhindern.

Ich verglich unzählige Krankengeschichten und die Inhalte vieler Bücher miteinander. Ich stellte fest, dass viele Menschen in Deutschland ein Unglücksbewusstsein entwickelt haben, das sie wie Leistungssklaven gefangen hält.

Obwohl die meisten Menschen in Deutschland in einem relativen Wohlstand leben, ihre Grundbedürfnisse erfüllt sind und sie somit zufrieden leben könnten, werden sie von Neid, Unglück und dem Suchen nach Inhalt und Sinn des Lebens getrieben.

Im Übrigen musste ich feststellen, dass materiell reiche Menschen selten glücklich und erfüllt sind. Materiell arme Menschen und Menschen ohne Arbeit werden durch Armut schneller krank und psychisch labil.

Bildungsarmut in bestimmten gesellschaftlichen Schichten und der verwehrte Zugang zu gewissen Lebensbereichen schafft in Deutschland eine immer tiefer werdende Kluft zwischen den Menschen. Dies werden die Herausforderungen der kommenden Jahre sein.

Ich suchte nach einem Trainingssystem, das jeder zu Hause und im Alltag anwenden kann. Es sollte schnell zu sichtbaren und messbaren herausragenden Ergebnissen führen, die die Menschen, schneller voran bringen.

Die Grundgefühle Zuversicht, Vertrauen ins Leben, Mitgefühl, Hoffnung, bedingungslose und reine Liebe, innerer Frieden, eine ursprüngliche und kindliche Freude, Kreativität und Schaffenskraft, Gelassenheit, Mut und Toleranz sollten den Menschen ein Leben in Fülle und Leichtigkeit ermöglichen.

Ich kam zu dem Ergebnis, dass nur die Quantenheilung derartig hervorragende Ergebnisse liefern konnte.

Bei uns allen hat sich ein tief etabliertes Ego-System verankert. Daher brauchte ich Tools, die alle Menschen kinderleicht begreifen und anwenden können. Es sollte kein monatelanges Üben erforderlich sein, um Erfolge zu erzielen.

Die Anwendung sollte kinderleicht und verständlich sein, es sollte Spaß machen und Freude bereiten, sein eigenes Fülle-Sabotage-System auszuhebeln. Stattdessen einen Quantensprung zu vollziehen, der jeden in ein besseres Leben führt, Lebensqualität und Lebensfreude garantiert.

Und genau dies ist mit Self-Fulfilling Management gelungen! Es funktioniert wirklich bei jedem. Bei Kindern, Männern und Frauen, bei Akademikern genauso wie bei Handwerkern, bei Vorständen genauso wie bei Mitarbeitern in der Produktion. Ältere und jüngere Menschen können damit arbeiten, es gibt keine Altersbegrenzung.

Unser Gehirn ist tatsächlich in der Lage, die neu angelegten neuronalen Verbindungen auszubauen und andere zu vernachlässigen. Dies konnte ich mit großem Staunen beobachten.

Self-Fulfilling Management ist heute eine Mischung aus Quantenheilung, hocheffizienter Meditation, reinem Energiefluss und dem Bewusstsein, als reiner Geist in die eigene Essenz zu kommen und sein wahres Selbst zu entdecken, um ein Leben in Fülle genießen zu können.

Dabei steht der eigene Seelenplan konkret im Vordergrund. Es gilt also herauszufinden, unter welchen Bedingungen sich im eigenen Leben Erfolg einstellen kann. Denn ist man auf seinem eigenen Lebensweg angelangt und hat seine individuelle Bestimmung begriffen und erfasst, kommen über das Resonanzgesetz alle Dinge und Menschen zu uns, die wir brauchen, um unsere Ziele zu erreichen.

Sind wir in unserem Inneren, leben wir mit uns im Einklang, also im Fluss, gibt es so gut wie keine Energieblockaden mehr. Ressourcen, wie Geld, Ideen, Impulse, Lösungswege, begeisterte Menschen, Möglichkeiten und Wege, Zeit und Know-how stehen immer genau dann für uns zur Verfügung, wenn wir sie brauchen. So ist alles immer zur richtigen Zeit am richtigen Ort.

Unser Leben fließt spielerisch und mit großer Freude. Wir erfreuen uns an unserem frischen und gesunden Körper, entwickeln genau das richtige Körper- und Füllebewusstsein, das wir brauchen, um ein erfülltes Leben führen zu können.

Self-Fulfilling Management arbeitet also daran, alte, vollkommen überholte und verkrustete Glaubenssätze, Denkmuster und Emotionen aufzulösen, indem wir sie ans Tageslicht bringen und sie uns bewusst machen. So werden individuelle Prägungen und Blockaden aufgelöst und können nicht mehr als Anpeitscher und lieblose Stimme in uns ihr Unwesen treiben.

Als zweiten Schritt entwickeln wir Hingabe und eine große Achtsamkeit und Klarheit, um in jedem Augenblick in der Lage sein zu können, Ego-Strukturen zu enttarnen und wiederum aufzulösen, um von dort aus wieder in unser Inneres, unser Herz zu gelangen. Dies trainieren wir gemeinsam. Wir lösen Energie-Blockaden sofort auf und bringen neue Energie zum Fließen, denn nur so können wir unser gesamtes Potential entfalten und leben.

Fülle bedeutet für uns, den grenzenlosen Reichtum zu spüren, den jeder von uns jetzt schon hat. Da wir den jedoch meistens überdecken und verdrängen, befinden wir uns dadurch im Mangel.

Jeder von uns ist Freude, ist reiner Geist, ist Frieden, ist Licht und bedingungslose, reine Liebe. Und zwar jetzt, sofort, und nicht erst nach hundert Sitzungen beim Therapeuten. Wir stochern dabei nicht in der Vergangenheit herum, suchen nicht den Schuldigen aus Kindertagen, der uns Leid angetan hat, was wir heute noch ausbaden müssen.

Mit Self-Fulfilling Management kommen wir aus dem gelebten und gefühlten Mangel sofort heraus und sind jetzt glücklich. Dabei spielt die äußere Lebenssituation keine Rolle.

Gute und dauerhafte Lösungen für aus unserer Sicht schlechte Lebenssituationen, Krankheit und Leid können erst dann entstehen, wenn wir ganz in unserem Herzen sind. Dies trainieren wir gemeinsam. Und so ist jeder für einen anspruchsvollen Alltag gerüstet und vorbereitet. Die berufliche Situation und Qualifikation spielt dabei keine Rolle.

Self-Fulfilling Management dient der Steigerung der Lebensqualität, der Lebensfreude und einem Leben, das der eigenen Bestimmung folgt.

Sie können es sofort anwenden, Sie müssen nichts studieren oder mühsam lernen. Sie fangen einfach an und bauen auf Ihren Erfolgen immer weiter auf. So gewinnen Sie Freude, Klarheit und Zuversicht.

Ihre bisherige Ego-Persönlichkeit wird immer kleiner und unwichtiger. Und Ihr Strahlen aus Ihrem wahren Selbst wird immer schöner und heller. So werden Sie zu einem Menschen, der seine Fülle lebt und reine Freude ist.

Das Schöne dabei ist, dass ich Self-Fulfilling Management bei mir und meiner Familie angewendet habe und es noch heute täglich lebe. So kann ich wirklich behaupten, zu wissen, wovon ich spreche.

Self-Fulfilling Management hat mich und mein Leben von Grund auf verändert.

Ein Leben in Fülle zu leben, heißt, sich von äußeren Ereignissen und Begebenheiten vollkommen unabhängig zu machen und aus sich heraus zu handeln.

Das Ego, das uns alle zu abhängigen Leistungssklaven gemacht hat und uns viele traurige Stunden bereitet hat, hat für uns keine Bedeutung mehr. Wir beginnen, Licht und Energie in die Welt und ins Universum hinauszustrahlen, die um ein Vielfaches zu uns zurückkommen.

Lesen Sie hierzu meine eigene Geschichte

Wenn ich auf die letzten zehn Jahre zurückblicke, muss ich schmunzeln. Ganz tief im Mangeldenken verhaftet, fristete ich ein Dasein als Angestellte im Vertrieb. Zwar verdiente ich genügend Geld, doch ich war niemals mit mir zufrieden.

Immer fehlte irgendetwas. Ich hatte eine Familie, einen tollen Job, Freunde und Bekannte, und doch war ich immer unruhig. Es war so eine Leere in mir, die ich nicht verstehen konnte.

Und so las ich Hunderte von Büchern. Ich sprach mit Schamanen, Heilern, Hellsichtigen – es musste da etwas geben, was ich nicht kannte. Psychologie in unserem Sinne konnte mir nicht helfen. In meinem Studium lernte ich tausend Dinge, die mich nicht weiterbrachten.

In meinen ersten Beratungen merkte ich schnell, dass es unzählige Menschen gab, ganz egal, ob alt oder jung, Mann oder Frau, reich oder arm, die genauso fühlten wie ich. Immer in Hetze, unter Zeit- und Leistungsdruck, Erwartungen erfüllen, immer alles schnell schnell erledigen, müde sein, sich erschöpft und überfordert fühlen.

Ich wollte so nicht weiterleben.

Ich las noch mehr Bücher, sprach mit Menschen in den Slums von Sri Lanka, fühlte mit den Menschen aus dem Königreich Bhutan, ließ mir deren Lebensphilosophie erklären, bekam sogar in Frankfurt die Möglichkeit, dem Dalai Lama persönlich ganz nah sein zu dürfen und mich dem Buddhismus zuzuwenden.

Doch ich blieb die, die ich war. Unruhig, gestresst und mit einer großen inneren Leere, die nicht verschwinden wollte. Ich verglich mich mit anderen und merkte, dass andere nicht über dieses Thema sprachen. Es war ein Tabu. Es war nicht erwünscht, sich Gedanken darüber zu machen, ob wir wirklich ein erfülltes, reiches Leben haben.

Ich begriff, dass Burnout ein Hilfeschrei der Seele ist. Menschen, die jahrzehntelang in ihrer eigenen Ego-Persönlichkeit gefangen sind, werden krank und können am bisherigen Leben nicht mehr teilhaben.

Allen Menschen, die zu mir kamen, war eines gemein: Sie funktionierten in einem Leben, das ihnen selbst nicht viel Platz ließ. Sie waren Eltern, Mitarbeiter, Unternehmer, Führungskraft oder Student – und sie alle waren auf der Suche nach etwas anderem, etwas Besserem, das wir für Geld anscheinend nicht kaufen können.

Und so kam mir 2005 ein Geistesblitz! Es musste jeden von uns zweimal geben! Unglaublich! Die Menschen, die in meine Beratung kamen, waren personifizierte Glaubenssätze, Denkmuster und Prägungen, kombiniert mit Traumata und Energieblockaden. Sie waren auf der physischen Ebene oft erkrankt. Sie hatten Magengeschwüre, Herzbeschwerden, Verdauungsprobleme, Tinnitus, Hauterkrankungen, Stoffwechselerkrankungen und vieles mehr.

Auf der psychischen Ebene sprachen sie von einer großen Erschöpfung, von Unlust, von Verweigerung dem bisherigen Leben gegenüber, von einer gewissen Hoffnungslosigkeit und Traurigkeit. Sie hatten sich oftmals schon zurückgezogen, waren verstummt und verzweifelt, weil sie nicht wussten, was sie tun sollten.

Ein stationärer Aufenthalt in einer psychosomatischen Klinik hatte ihnen kurze Linderung gebracht. Jedoch kamen die Symptome wieder, wenn sie mit der bisherigen Arbeit begannen.

Ich verglich die Menschen miteinander und suchte in meinen Büchern nach Antworten. Und da war sie, die Lösung! In meinem Lieblingsbuch „Ein Kurs in Wundern" stand alles drin, was ich wissen wollte.

Wir lebten in einer abgeschnittenen Ego-Welt als Ego-Persönlichkeit mit festen Ego-Strukturen. Wir alle lebten dort unbewusst. Wir wussten wenig um unser Leben als Ego-Persönlichkeit mit einem falschen Selbst. Niemand hatte uns erzählt, dass wir in Wahrheit reiner Geist sind. Das hörte sich am Anfang, mit Verlaub, für uns durchgetaktete Leistungssklaven auch ein bisschen sehr esoterisch an.

Ich las von der inneren Fülle, von Energieblockaden, die sich im Körper als Krankheiten manifestieren. Mit einem Mal hatte ich die Erklärung, warum Burnout eine klassische Krankheit war, die aus dem Mangeldenken heraus entstanden ist.

Plötzlich war alles sonnenklar! Ich begann 2005 nach meinen neuen Maximen zu leben, genau, wie ich es hier beschreibe. In jedem Augenblick trainierte ich eine neue Achtsamkeit.

Am Anfang fühlte ich mich ein bisschen komisch, denn ich hatte es mir zur Aufgabe gemacht, meine Ego-Persönlichkeit zu beobachten und zu hinterfragen, wann immer es ging.

Immer mehr wurden mir die Spielchen bewusst, mit denen mich das Ego in seinem Bann halten wollte. Doch ich kam immer wieder in mein Herz zurück. Warum? Weil ich mich dort einfach besser fühlte. Dort war es warm und sicher. Ich spürte eine Weite und eine Wärme, die mir angenehm war.

Als ich meine Ego-Welt immer mehr auflöste, merkte ich, wie sich manche Menschen von mir distanzierten und dafür andere in mein Leben kamen. Als ich mir die alten Beziehungen genauer ansah, wurde mir klar, dass sich Mangeldenker von mir verabschiedeten. Sie konnten mit meinem neuen Reichtum und meiner Dankbarkeit dem neuen Leben gegenüber nichts anfangen. Ich ließ jeden in großer Liebe ziehen, der mein Leben verlassen wollte. Mir war klar, dass sich die Spiegelbilder verändern mussten, wenn ich mich veränderte. Schließlich wirkte das Resonanzgesetz genauso zuverlässig wie die Schwerkraft!

Meine Beziehungen veränderten sich, mein Körper veränderte sich, mein Fühlen und Denken veränderte sich. Immer versuchte ich wachsam und achtsam zu sein. Hingabe und Wertneutralität waren meine Zauberworte.

Ich begann morgens den Tag damit, in mein Herz zu atmen. Ich stand gar nicht erst auf, wenn ich nicht in der Fülle war. Ich machte für die Kinder morgens das Frühstück und Vesperbrote für die Schule ganz in Ruhe ohne Hektik. Ich duschte voller Dankbarkeit für die Energie, die mir das Wasser schenkte.

Ich gewöhnte mir an, alles bewusst zu machen. Das fühlte sich gut an. Mir war klar, dass Stress und Hektik ein Zeichen von Mangel waren. Ich war nicht bereit, wieder im Mangel zu leben.

Im Jahr 2005 begann ich, Self-Fulfilling Management weiter zu entwickeln. Das Mentaltraining verbesserte sich in sich selbst, weil all die Menschen, die zu mir in die Beratung kamen, wichtige Hinweise lieferten, was man noch effizienter und wirkungsvoller machen könnte.

Meine Kinder wuchsen in dieser hohen Bewusstseinsebene auf. Sie haben es heute um ein Vielfaches leichter, mit ihrem Ego umzugehen. Sie sind automatisch tief in ihrem Herzen verankert.

Dies zeigt mir auch, dass wir unsere Kinder so bald wie möglich in Sachen Bewusstheit und Achtsamkeit trainieren sollten. Dies wäre für mich das wichtigste Schulfach in jedem Lehrplan.

Meine Kinder bemerkten die Veränderungen an mir zuerst. Sie unterstützten mich in meiner Selbstständigkeit. Auch wenn es am Anfang mal nicht ganz so gut lief und uns ab und zu doch mal ein Zweifel packte, so entwickelte sich unser Füllebewusstsein stetig und kontinuierlich. Unser Ego ist nun heute in seine Schranken verwiesen.

Heute genügt ein Satz: „Mami, bist Du gerade im Mangel?" und ich lache und sage: „Oh, sorry, danke für den Hinweis!", und ich gehe wieder in meine Essenz.

Es ist wundervoll zu sehen, wie dieses Füllebewusstsein bei mir und all den Menschen in meinen Beratungen wirkt, was es für tolle Ergebnisse im Außen erzielt, wie sich Beziehungen verändern, wie sie tiefer und wertvoller werden.

Natürlich bleibt auch unser Ego wachsam. Nur schenken wir ihm heute so gut wie keine Aufmerksamkeit mehr. Wir bemerken sofort, wenn wir Menschen und Situationen bewerten und beurteilen, wenn sich eine Ego-Emotion wie Angst, Schuld und Wut breitmacht.

Wir lassen es so sein, wie es ist. In genau dem Bewusstsein, dass wir nicht diese Gedanken und Emotionen sind, sondern reiner Geist. Dann müssen wir lachen, weil es doch im Grunde so einfach und simpel ist. Es genügen ein paar Sekunden und man switcht von Ego nach Essenz.

Ist das nicht unglaublich? Ego-Blockaden löse ich mit Self-Fulfilling Management sofort auf, wenn ich sie entdecke. Hierzu gibt es einfache und wirksame Übungen.

Mir ist es wichtig, dass die Energie in mir und meinen Klienten im Fluss ist. Je nach Training kommt man immer schneller und einfacher aus einer Blockade heraus. Das Training geht sozusagen in Fleisch und Blut über. Heute reicht mir ein kurzes Durchatmen und der Gedanke: „Du bist nicht in Deiner Fülle!", um wieder zurück zu kommen. Das ist wirklich Trainingssache.

Die Menschen in meinen Seminaren, die noch nie etwas von Fülle-bewusstsein oder ähnlichem gehört haben, schauen mich oft verwundert an und fragen: „Kann das wirklich funktionieren?" Dann lächle ich siegessicher und sage: „Ja! Es wird auch bei Ihnen funktionieren!"

Es ist für mich der schönste Moment, wenn ehemalige Zweifler und Bedenkenträger sich outen und mir schreiben oder eine Nachricht auf meiner Mailbox hinterlassen:

„Liebe Frau Langendörfer, ich bin dankbar und froh, dass ich Sie ken-nenlernen durfte. Mein Leben hat sich ungemein verändert. Burnout ist kein Thema mehr. Ich trainiere mein Füllebewusstsein immerzu. Es klappt immer besser! Danke erst mal für die tolle Unterstützung! Ich halte Sie auf dem Laufenden und melde mich wieder!"

Dieses Lob ist meine Form der Anerkennung. Ich empfinde tiefe Freude und Dankbarkeit, wenn ich andere unterstützen darf, die eigenen Potentiale frei zu legen und den eigenen Lebensweg der Bestimmung im Einklang mit dem eigenen, wahren Selbst zu gehen.

Jeder, der es geschafft hat, der in meiner Beratung war und voran kommt, macht mich glücklich. Denn mein Beruf ist seit vielen Jahren meine Berufung, weil er meine Bestimmung ist.

Ich freue mich über jeden, der mit unbedingter Lebensfreude und Leichtigkeit sein Leben bestreiten kann, immer in der Achtsamkeit, dass das Ego uns beobachtet und wir ihm keine Aufmerksamkeit schenken.

Jeder, der seinen Seelenweg gehen darf, erfüllt mich mit großem Glück und Stolz. Ich möchte meinen Beruf noch viele weitere Jahre ausüben dürfen, denn er macht mir große Freude.

So hat mir meine Veränderung – weg von der alten, falschen Ego-Persönlichkeit hin zu einem Leben voller Bewusstsein und Fülle – alles gebracht, was ich mir wünschte:

Genügend Zeit, Geld, schöne Beziehungen und Kontakte zu Menschen, Erfülltheit und Sinnhaftigkeit, Freude, Stolz und Anerkennung.

Genau das wünsche ich mir auch für Sie, liebe Leserin und lieber Leser.

Kapitel 10:
Wir müssen erst sterben, bevor wir leben

Wenn Sie mit diesem Buch gearbeitet haben, kann ich mir gut vorstellen, dass Ihnen Ihr bisheriges Ego-Leben klein, begrenzt und eingefahren vorkommt.

Ich muss Ihnen gestehen, mir ging es genauso, als ich vor vielen Jahren begriff, welch umfassende Schönheit und Intensität in einem Paradigmenwechsel liegen.

Unser Leben, das nach den Strukturen des Egos verläuft, ist von Angst, Sorgen, Scham, Schuld und Leid geprägt. Menschen, die den Paradigmenwechsel für sich beschlossen haben, bekommen förmlich eine neue Identität. Es ist so, als müsse man erst sterben, bevor man zu leben beginnt.

Auch das bewusste Abstreifen des Egos, das Sich-Lösen von alten Denk-, Glaubens- und Verhaltensmustern ist wie eine Neugeburt, denn das Leben verläuft nun in vollkommen anderen Bahnen, die uns vorher nie bekannt waren.

Die meisten Menschen brauchen ein einschneidendes Erlebnis, um den Paradigmenwechsel zu vollziehen: Eine schmerzliche Trennung, eine schwere Krankheit, ein tiefgreifendes Burnout, der Verlust des eigenen Arbeitsplatzes oder ein spirituelles Erlebnis ist oftmals der finale Anstoß, sein Leben von Grund auf zu verändern.

Das Gute ist, dass Sie auch ohne eine schwere Krise oder eine schmerzhafte Erfahrung den Paradigmenwechsel beginnen und leben können. Es ist sofort möglich, Ihr ganzes Potential, also alle vorhandenen Möglichkeiten, die das Leben Ihnen bietet, zu leben. Ihr persönliches Weiterkommen, Ihr geistiges Wachstum steht nun ganz oben auf der Prioritätenliste.

Statt oberflächlicher Bespaßung, zwanghaftem Beschäftigt-sein-müssen und Nicht-allein-sein-können rücken die Achtung vor sich selbst, Spiritualität, tiefe Zufriedenheit und Glücksempfinden an die erste Stelle.

Von einer Sekunde zur anderen ändert sich Ihr Selbstbild. Sie werfen die künstliche Maske des Egos ab und werden authentisch. Sie sind der, der Sie schon immer waren und nun endlich sind: Ein Unikat, ein einzigartiger Glücksmanager!

Neue Denk- und Verhaltensweisen eines Glücksmanagers

Das Bewusstsein vor dem Einschlafen nutzen

Die meisten Menschen legen sich abends erschöpft ins Bett, nehmen all ihre Sorgen und Angstgedanken mit in die Nacht und wundern sich, wenn sie schlecht und unruhig schlafen und nachts immer wieder aufwachen.

Ich hoffe nicht, dass Sie die wertvollen Stunden des Abends mit sinnlosem Fernsehen verbringen und sich vor dem Schlafengehen noch Bilder des Schreckens und des Grauens aus den Spätnachrichten als „Einschlafhilfe" antun. Nutzen Sie die wertvolle Zeit vor dem Einschlafen als Ihre Zeit des vollen Bewusstseins.

„Docken" Sie sich hier vollkommen bewusst an die göttliche Quelle an.

Packen Sie jeden Abend vor dem Einschlafen die Reisetasche, mit der Sie den wundervollen Raum des Unbewussten betreten. Wenn Sie schlafen, beendet Ihr Tagesbewusstsein seine Arbeit, und das Unbewusste übernimmt die Führung.

Sie können sich vorstellen, welche Auswirkungen es hat, wenn wir keine aktive „Mentale Hygiene" betreiben und jeden Unrat in Form von Gedanken mit in die unbewusste Nacht- und Schlafphase nehmen. Die meisten Menschen nehmen dann Schlaftabletten, um sich zu betäuben

130

und Ruhe vor den schlimmen Nachtgedanken und der Schlaflosigkeit zu haben.

Das ist sicher nicht die Lösung! Wir sollten unseren Schlaf optimal nutzen, schließlich ist er der direkte Verbindungsweg zu unserem Unterbewusstsein! Daher sollten wir Sorgen, Angst, Zweifel, Ärger und Frust aus unserer Vor-Schlaf-Zeit rigoros verbannen.

Erklären Sie die Zeit vor dem Einschlafen zu Ihrer persönlichen spirituellen Ruhezone, Ihrem geheimsten Garten der Freude und Bewusstheit. Spielen Sie in diesem Garten ein Spiel, das all Ihre Wünsche und Träume erfüllen wird! Schließen Sie die Augen und stellen Sie sich all das vor, was Sie heute in Ihrem Leben vermissen.

Wenn Sie krank sind, fühlen Sie, wie es sich anfühlt, gesund über eine Wiese zu tanzen. Wenn Sie arbeitslos sind, stellen Sie sich vor, wo Sie am liebsten arbeiten würden und als was. Wenn Sie eine glückliche Beziehung suchen, dann fühlen Sie jetzt schon ihren Partner. Wenn Sie Geldsorgen plagen, dann erfreuen Sie sich jetzt an Ihrem vollen Konto.

Das Wichtigste in diesen Einschlafminuten ist das Fühlen! Es bringt nichts, wenn Sie halbherzig irgendwelche Wünsche runterbeten. Sie müssen alles spüren und fühlen.

Wie fühlen Sie sich, wenn Sie finanziell unabhängig sind? Wie fühlen Sie sich, wenn Sie jetzt sofort gesund sind und Ihre Krankheit verschwindet? Wie riecht das neue Haus, in das Sie jetzt einziehen? Wie fühlt sich der Blumengarten hinter dem Haus an?

Wie fühlen Sie sich, wenn Sie an Ihrem neuen Arbeitsplatz eintreffen? Öffnen Sie die Fenster, riechen Sie das neue Büro ... Wie sprechen Sie mit den Kollegen, was machen Sie zuerst, wenn Sie zu arbeiten beginnen?

Mit diesem aktiven Wünschen vor dem Schlafengehen geben Sie Ihrem Unterbewusstsein die Information, dass Sie all das bereits sind!

Das heißt, Sie haben nicht irgendwelche Wünsche, weil Sie jetzt im Mangel sind und Dinge und Zustände nicht haben, sondern Sie sind jetzt in der Fülle und sind und haben alles bereits. Dies ist der wichtigste Unterschied!

Denn Ihre Welt ist jetzt vollkommen. Ihr Unterbewusstsein wird das so annehmen, weil es niemals urteilt oder richtet. Es wird die Dinge zusammenführen, die zu Ihnen und in Ihr Leben gehören.

Dies ist kein Wunder oder Spinnerei, sondern universelle Wahrheit.

Natürlich wird sich Ihr Ego fürchterlich aufregen, denn es fühlt sich wieder mal in seiner Existenz bedroht. Sie erinnern sich: Ihr Ego ist dann glücklich, wenn Sie sich mit Angst, Schuld und Mangel herumschlagen.

Also wird es Ihr Einschlaf-Ritual mit Ego-Gedanken bombardieren. Ignorieren Sie friedlich diese Gedanken, denn Sie sind Frieden!

Erinnern Sie sich daran, dass Sie ein freier Geist sind. Und auch wenn Sie Schmerzen in Ihrem Körper spüren, Ihr Bankkonto leer ist und Ihnen gerade gekündigt wurde, steht es Ihnen frei, Ihren Geist auf Fülle zu programmieren, um so Ihr Leben sofort zu verändern.

Wie gesagt, es geht um´s Fühlen!

Also schlafen Sie ab heute niemals mehr im Mangel ein, sondern immer in der Fülle! Lassen Sie Ihr Ego toben! Ihr Unterbewusstsein arbeitet die ganze Nacht. Wenn Sie schlafen, macht sich Ihr Unterbewusstsein daran, Ihre Fülle in Ihrem Leben zu manifestieren.

„Ich bin reich, ich bin vollkommen, ich bin zufrieden, ich bin vollkommen gesund, ich bin Liebe, ich lebe in vollkommenem Wohlstand", sind Ihre Mantren. Mangel hat da keine Daseinsberechtigung mehr!

Sehen Sie die Zeit vor dem Einschlafen einfach als Ihre persönliche Frei-Zeit an, in der Sie sich Ihr Fülle-Programm aus dem Universum downloaden. Sie sind jetzt schon alles, was Sie sein wollen, wenn Sie es jetzt fühlen.

Alles ist eins. Das Unterbewusstsein gibt Ihren Gefühlen Form und Manifestation. Sie sehen, Ihr Leben steckt voller neuer Möglichkeiten und Chancen! Nichts ist unmöglich!

Die Kraft Ihrer Gedanken ist unendlich! Nutzen Sie sie jetzt!

Das Bewusstsein nach dem Aufwachen nutzen

Wenn wir vom unbewussten Zustand des Schlafens in unser aktives Tagesbewusstsein eintauchen, sollten wir es uns zur Gewohnheit machen, alle Dinge, Zustände und Personen, die wir in den Schlaf mitgenommen haben, in unseren Alltag zu integrieren.

Was bedeutet das? Nun, in Ihrem Unterbewusstsein waren Sie der, der Sie jetzt schon sind, den Sie aber noch nicht sehen. Der gesunde, der wohlhabende, der glückliche Mensch, der Sie immer sein wollen, den Sie aber bis jetzt nie erreicht haben, weil Sie mit Ego-Spielchen viel zu beschäftigt waren.

Im Traum waren Sie der, der Sie sind. Nun führen Sie das während des Tages einfach fort. Sie leben also in dem Bewusstsein, dass Sie gesund, wohlhabend und all das sind, was Sie sich erträumten.

Ja, ja, ich höre Ihr Ego jetzt schon wieder schimpfen und toben: „So ein Quatsch! Das funktioniert doch nie! Was soll der spirituelle Blödsinn!"

Probieren Sie es aus!

Ich bin zum Beispiel wochenlang abends mit dem Gedanken eingeschlafen, dass ich als Burnout-Expertin in den Fernseh-Nachrichten erscheine.

Ich sah mich im Studio sitzen, lachte mit dem Moderator, sah genau dem Visagisten zu, wie ich in der Maske geschminkt wurde, dachte daran, wie viele Menschen ich mit meinen Gedanken erreichen könnte, wenn ich regelmäßig im Fernsehen wäre.

Für mich war klar, dass Fernsehauftritte zu meiner Bestimmung gehören. Alles hat sich so selbstverständlich und richtig angefühlt.

Es ging mir nicht darum, reich zu werden oder berühmt oder sonst ein Ego-Ziel. Ich fühlte ganz tief in mir, dass ich Menschen erreichen und ihnen Angst und Sorgen nehmen wollte. Ich fühlte, dass es meine Aufgabe ist, vielen Menschen von der universellen Energie zu erzählen. Und dazu brauchte ich das Fernsehen.

So bin ich über Wochen abends eingeschlafen. Ich war jetzt schon im Fernsehen. Das Unterbewusstsein hatte seine Aufgabe bekommen. Immer, wenn ich morgens aufwachte, fühlte ich mich als die Burnout-Expertin, die regelmäßig in den Fernsehnachrichten auftritt. Dieses Bewusstsein nahm ich mit in meinen Tag. Für mich gehörte das zu meiner Bestimmung.

Und siehe da, eines Tages klingelte das Telefon, und ich wurde zu meinem ersten TV-Interview eingeladen. Voller Freude nahm ich das Angebot an. Ich dankte der göttlichen universellen Kraft und war voller Dankbarkeit, nein, viel mehr: Ich war die personifizierte Dankbarkeit!

Das TV-Interview war ein voller Erfolg. Viele Menschen meldeten sich und wollten mehr über Self-Fulfilling Happiness wissen.

Und von da an war ich regelmäßig im Fernsehen.

Bis heute ist es mir eine große Ehre, als Expertin zu wichtigen gesellschaftlichen Themen in Nachrichtensendungen sprechen zu dürfen.

Mein Bewusstsein nach dem Aufwachen hat mir geholfen: Ich fühlte mich nach dem täglichen Aufwachen wie die Expertin, die im Fernsehen spricht. Den ganzen Tag war ich die Expertin, die im Fernsehen spricht. Das bezweifelte ich keine Sekunde. Obwohl ich noch nie ein Fernsehstudio von innen gesehen hatte, war ich die Expertin im TV-Studio!

Bleiben Sie geduldig und ausdauernd dabei! Beginnen Sie nicht am dritten Tag zu meckern und stellen alles in Frage! Ihre Gegenwärtigkeit ist entscheidend! Sie müssen ständig Ihre Gedanken beobachten, denn wie wir mittlerweile wissen, ist Ihr Ego schlau und schläft nie! Ihr Ego möchte Ihren Erfolg nicht!

Bleiben Sie hartnäckig am Ball! Tragen Sie Ihrem Unterbewusstsein auf, alle universellen Kräfte in Bewegung zu setzen, um Ihre Fülle zu manifestieren. In Ihrer Vorstellung sind Sie es ja bereits! Glauben Sie unerschütterlich daran, dass Sie alles bereits sind, was Sie sich wünschen. Sie müssen von sich überzeugt sein, zu hundert Prozent!

Sie sollten genauso selbstverständlich mit dem Manifestieren von Fülle in Ihrem Alltag umgehen, wie Sie atmen und verdauen. Daran denken Sie ja auch nicht die ganze Zeit und zweifeln daran, dass Sie atmen und verdauen können. Sie akzeptieren diese Vorgänge in Ihrem Körper als Wahrheit. Sie atmen einfach. Und so leben Sie einfach, was Sie sein wollen, weil Sie es schon sind!

Entsprechen Ihre Wünsche Ihrer Lebensbestimmung?

Wenn sich ein Goldhamster wünscht, schwimmend den Atlantik zu durchqueren, wird er vermutlich scheitern. Ein Goldhamster lebt „goldhamsterisch". Das heißt, er käme nicht auf die Idee, als Fisch oder Vogel leben zu wollen, weil er kein Fisch und kein Vogel ist.

Wenn wir uns nun Dinge „wünschen", die in keinster Weise zu unserem Seelenplan, also unserer Bestimmung passen, werden auch wir scheitern. Auch dies ist ein universelles Gesetz, das wir so annehmen sollten, um sofort in der Fülle zu sein. Das Universum erfüllt keine Ego-Wünsche! Gott sei Dank!

Wir alle sind mit der universellen Quelle verbunden. Und aus dieser Quelle entspringt die Schöpfung, also auch wir. Die göttliche Quelle hat für uns einen Lebensplan vorgesehen, den unser Ego boykottieren kann, was es auch meistens tut.

Wenn wir unsere Bestimmung leben, werden wir das Höchste aus unserem Leben machen, weil es selbstverständlich und einfach ist. Also sollten wir immer wieder in uns hineinfühlen und auf unsere Intuition achten, denn dies ist das Sprachrohr des Universums zu uns.

Wenn Sie also an einer Lebenskreuzung stehen und (wieder mal) nicht wissen, ob Sie nach rechts oder links abbiegen sollten, dann fragen Sie Ihre Intuition! Ihre Gefühle sind immer maßgebend.

Wenn Sie aus Selbstsucht sich etwas wünschen, um bedeutender, wichtiger und besser als andere zu sein, werden Sie scheitern. Denn denken Sie daran: Das Universum ist Liebe!

Auch Sie und Ihre Bestimmung sind Liebe! Also können sich nur Wünsche manifestieren, die aus Liebe geboren sind und Sie in Ihrer Bestimmung voranbringen.

Selbstverständlich passt ein Leben in Wohlstand zu Ihrer Bestimmung. Jedoch ist Wohlstand nicht der Ferrari, die Finca auf Mallorca oder das fünfte Bankkonto in Luxemburg.

Natürlich sollen Sie Geld haben. Geld ist Energie und soll fließen. Doch die Frage ist immer: Was machen Sie mit Ihrem Geld? In Ihrer Bestimmung ist verankert, dass niemand besser oder wichtiger ist, weil er Geld hat. Das Universum ist wach!

Deshalb achten Sie darauf, dass Ihre Wünsche aus bedingungsloser Liebe heraus entstehen. Leben, wünschen, spüren und fühlen Sie aus der Liebe heraus. Seien Sie davon überzeugt, dass Ihr Wunsch schon jetzt Wirklichkeit ist. Übergeben Sie dann die Führung an die universelle Quelle. Lassen Sie los!

Fixieren Sie sich nicht auf ein bestimmtes Ergebnis, denn es gibt unendlich viele Möglichkeiten. Und machen Sie sich keine Sorgen.

Wenn Sie Ihrer Bestimmung folgen, sind Sie jetzt sofort bereit, alles, was Sie besitzen, auch sofort wieder wegzugeben, weil Sie es nicht brauchen, weil Sie Vollkommenheit sind.

Das ist Demut. Wenn Sie Ihren Besitz und Ihr Geld brauchen, um anderen zu zeigen, dass Sie wichtiger sind, dann ist Ihr Ego noch an der Macht, und Sie haben keine Chance auf ein erfülltes Leben.

Erst, wenn wir bereit sind, das, woran unser Herz am meisten hängt, jetzt sofort aufzugeben, wenn wir nicht daran hängen, dann kann Wohlstand zu uns kommen.

Denn Liebe will nichts. Demut heißt, dass es eine Ehre ist, anderen zu dienen.

Ich stelle mir seit Jahren jeden Morgen die Frage: Wie kann ich heute das Leben von anderen Menschen angenehmer machen? Was kann ich dazu beitragen? Das Wohl von anderen über das eigene zu stellen, ist eine Geisteshaltung.

Reine Liebe möchte nichts zurück und verlangt kein Dankeschön. Reine Liebe teilt gerne und selbstverständlich. Dies ist auch meine Geisteshaltung. Daher gehört ein Gespräch mit einem Bettler auf der Straße zu einer Selbstverständlichkeit, wofür ich mir gerne Zeit nehme. Ich habe aufgehört, durch mein Leben zu rennen.

Wenn Sie aufmerksam schauen, was sich rechts und links Ihres Lebensweges ergibt, erkennen Sie unendlich viele Chancen, zu dienen. Und wissen Sie was, Sie werden dadurch immer reicher! Unglaublich, oder?

Erst wenn wir zu den Unfreundlichen freundlich sein können und es uns eine Selbstverständlichkeit ist, anderen zu dienen, auch denen, die wir bisher verachtet haben, sind wir Liebe.

Lieben Sie das, was ist, ohne Widerstand aufzubauen?

Sie können sich gegen den dunklen, nassen Winter sträuben und ihn auf's Tiefste ablehnen – er kommt trotzdem! Und wenn Sie ihn ablehnen und Widerstand gegen ihn aufbauen, werden Sie leiden. Also freuen Sie sich auf den nächsten Winter, nehmen Sie ihn an und akzeptieren Sie die Kälte und die Nässe, denn sie gehört zu dieser Jahreszeit dazu.

Das Universum kann unsere Wünsche nicht erfüllen, wenn wir weiterhin urteilen und bewerten, also in der Dualität des Egos leben.

Immer wieder erzählen mir Menschen, dass ihre Wünsche nicht erfüllt werden. Sie sind enttäuscht und ungeduldig und lassen sich bereits wieder von ihrem Ego-Denken manipulieren.

Ich erkläre ihnen dann, dass der zeitliche Ablauf unseres Seelenplans alle Dinge dann eintreffen lässt, wenn genau der richtige Zeitpunkt dafür gekommen ist. Es steht unserem Ego in keinster Weise zu, einen Zeitpunkt zu bestimmen.

„Unendliche Geduld führt zu den schnellsten Ergebnissen!"

Wenn wir dem Universum vertrauen, fühlen wir sofort Frieden in uns. Nur die Eile und die Getriebenheit unseres Egos erschaffen Frust, Sorge, Angst, Depressionen und Ärger.

Eines sollten wir wissen, wenn wir den Paradigmenwechsel leben:

Es sollte eine ständige Gewohnheit werden, in sich hineinzuhören. Denn alte Denk- und Verhaltensmuster sind äußerst zäh. Dazu gehört auch die Eigenschaft, andere zu be- und verurteilen, zu verachten, zu bewerten und sich über sie zu stellen. Alles ist jetzt vollkommen. Wenn ich andere bewerte und beurteile, sind sie nicht vollkommen, und meine Welt ist im Mangel.

Doch im Universum ist alles vollkommen. So, wie die Natur jetzt vollkommen ist, ist auch meine Welt vollkommen. Wenn Sie sich also Dinge wünschen, worin Sie andere als unvollkommen sehen, wird dieser Wunsch niemals erfüllt werden. Andere zu kritisieren, abzulehnen, zu verachten, mit dem Verstand (= Ego) zu sehen und verändern zu wollen, entspringt unserer Dualität des rationalen Denkens.

Unsere persönlichen Urteile entsprechen nicht dem großen Ganzen und gehören niemals in unseren Lebensplan. Denn wir müssen eines verstehen: Jeder Mensch ist so, wie er sein kann. Und jeder Mensch tut die Dinge so, wie er sie in seiner individuellen Situation tun kann.

Unsere Kritik, unsere Verachtung, Ächtung und Ablehnung von Verhaltensweisen anderer entspringt unserem Ego.

Die göttliche Quelle möchte, dass wir alles lieben, ohne zu unterscheiden, ob es gut oder schlecht, richtig oder falsch, passend oder unpassend ist.

Wenn Sie Ihre Bestimmung leben, sind Sie Liebe und hören auf zu urteilen. Denn wenn Sie Liebe sind, können Sie auch nur Liebe weitergeben. Wenn sich also jemand nicht so verhält, wie Sie es möchten, dann sollten Sie ihm das schenken, woraus Sie bestehen, nämlich reine, bedingungslose Liebe!

Wie wir jetzt wissen, sind wir alle mit der universellen Quelle verbunden. Wir schneiden uns in dem Moment von ihr ab, wenn wir andere aburteilen und bewerten. Andere können denken und fühlen, was sie denken und fühlen wollen. Es ist nicht unsere Aufgabe, sie zu ändern.

Was ist Moral? Was ist richtig? Was ist gut oder schlecht? Wollen Sie sich als Richter aufspielen und sich über die göttliche Quelle stellen und es besser wissen? Sind Sie mächtiger als das Universum? Natürlich wollen Sie Recht haben! Natürlich wollen Sie es den anderen nur leichter machen!

Aber in Wahrheit wollen Sie doch Ihre Bestimmung leben, oder nicht? Ich sehe jetzt schon wieder Ihr Ego toben und muss leise lachen. Ja, es ist nicht immer einfach, Liebe zu sein!

Sie müssen sich leider entscheiden: Wollen Sie Recht haben oder Ihre Bestimmung leben? Wenn Sie sich für Ihre Bestimmung entscheiden, dann sind Sie Liebe. Also hören Sie auf, andere zu kritisieren, zu verurteilen und zu bewerten. Beginnen Sie damit, dem Menschen, den Sie gerade noch verachtet haben, Liebe zu schicken. Ohne Bedingungen und ohne Dankbarkeit zu erwarten.

Natürlich können wir nicht immer über unseren Schatten springen! Aber versuchen Sie es!

Sofort werden Sie sich besser fühlen, wenn Sie mit Gelassenheit auf andere reagieren können und nicht Recht haben müssen.

Ihre Wünsche werden erfüllt, wenn Sie Liebe sind! Denn, wie wir wissen, verändern sich Menschen und Situationen sofort, wenn wir uns ändern!

Respektieren und wertschätzen Sie das Leben

Wir machen uns unser Leben komplizierter, als es ist. Wenn wir auf die Welt kommen, ist alles einfach. Bis unser Ego entsteht und alles kompliziert und verstrickt wird.

Beschließen Sie doch einfach, zur Einfachheit zurückzufinden. Sie werden staunen, wie gut sich das anfühlt!

Wenn Sie beschließen, das eigene Leben wertzuschätzen, gehen Sie mit allem anderen Leben genauso um. Sie beenden Kontrolle, Dominanz und Manipulation. Sie mischen sich einfach nicht mehr ein. Sie lassen sich und andere einfach so sein, wie sie sind.

Sie achten Tiere, Pflanzen und die Natur, weil Sie sich nicht über sie stellen. Sie sind ein Teil des großen Ganzen und haben Respekt vor der Fülle und Einzigartigkeit. Sie suchen die Stille in der Natur. Da Sie Liebe sind, lieben Sie Tiere und Pflanzen. Sie sind Frieden und leben Frieden. Sie respektieren jedes Leben, ohne es verändern oder manipulieren zu wollen.

Sie hören auf zu kämpfen. Sie übergeben die Führung an die göttliche Quelle. Und Sie sind sofort glücklich, weil Sie einfach Sie selbst sind und nicht irgendetwas hinterherjagen, was Sie haben oder sein wollen.

Lernen Sie in der Natur von der Natur. Und haben Sie an nichts und niemanden irgendwelche Erwartungen, die Ihnen Ihr Ego vorschreibt. Bleiben Sie so flexibel und beweglich, wie Bäume im Sturm und Fische im Ozean. Verkrampfen Sie nicht in Meinungen, die in Stein gemeißelt sind. Lassen Sie dem Leben seinen Lauf. Verbinden Sie sich mit der göttlichen Quelle und empfangen Sie: Wohlstand, Liebe, Frieden, Gesundheit und Glück.

Haben Sie den Mut, der zu sein, der Sie sind und nicht der, der Sie sein sollen

Sie wundern sich über diesen Punkt? Nun ja, viele Menschen leben ein „falsches" Leben. Das bedeutet, dass sie nicht ihrem inneren Plan folgen, sondern ständig Erwartungen erfüllen und sich so verhalten, wie es ihrem wahren Ich überhaupt nicht entspricht. Die Folge sind Krankheit, Frust und Ärger.

Wie ehrlich verhalten Sie sich? Und mit ehrlich meine ich, wie ehrlich sind Sie zu sich selbst, zu Ihren Wünschen, Zielen und Neigungen? Führen Sie ein authentisches Leben? Sind Sie der, der Sie sind? Oder sind Sie der geworden, den andere haben wollten? Wie wahrhaftig ist Ihr Leben?

Bitte bedenken Sie, dass wir schon früh lernen, unserem Ego-Ehrgeiz zu dienen. Wir machen eine Ausbildung nach der anderen, qualifizieren uns immer weiter, um am Ende festzustellen, dass wir gar nichts wissen. Leer und sinnlos fühlt sich das an. Der Ehrgeiz des Egos führt uns immer in eine Sackgasse.

Also sollten wir von Anfang an authentisch sein. Ehrlich zu uns selbst.

Kennen Sie Ihre Bestimmung? Folgen Sie Ihrem inneren Ruf?

Damit meine ich nicht, immer mehr Geld zu verdienen, immer mehr zu besitzen und immer mehr zu werden. Was brauchen Sie wirklich? Anerkennung? Überlegenheit? Macht? Wollen Sie so die Abgrenzung spüren, die Sie von anderen unterscheidet?

So können Sie niemals ehrlich zu sich sein, denn Ihr Ego treibt Sie immer weiter, bis Sie auf der Strecke bleiben. Denn Sie sind anders, als es Ihrer Bestimmung entspricht. Sie haben sich ein anderes Gesicht gegeben, eine andere Identität, die Ihrer eigenen nicht entspricht.

Sie spielen eine Rolle in Ihrem Leben, aber Sie sind nicht Ihr Leben. Beginnen Sie jetzt, sich anderen so zu zeigen, wie Sie sind. Verlieren Sie alle Zweifel, dass andere Sie ablehnen könnten.

Zeigen Sie Ihre echten Gefühle, sprechen Sie die Wahrheit, um wahrhaftig zu sein. Lassen Sie es zu, dass die Menschen Sie endlich kennenlernen. Bisher waren Sie ein Schauspieler in Ihrem eigenen Theaterstück. Lassen Sie den Vorhang fallen und sprechen Sie Ihre eigene Sprache, in Ihrem eigenen Stück, in dem Sie die Regie führen. Sie und niemals andere!

Sagen Sie ehrlich, was Sie fühlen! Wenn sich dann Menschen aus Ihrem Leben verabschieden, lassen Sie sie in Liebe gehen. Haben Sie keine Angst, und machen Sie sich keine Sorgen. Sie sind genau der, der Sie sind! Wenn andere Sie verbiegen möchten, sagen Sie laut und deutlich „Nein"! Folgen Sie jetzt Ihrer inneren Bestimmung. Beginnen Sie ein sinnhaftes Leben.

Hören Sie auf, nach etwas zu streben, das Sie sein wollen. Sie sind schon alles, was Sie sein sollen. Ich weiß, auch das wird Ihrem Ego nicht gefallen! Doch lassen Sie sich nicht entmutigen. Seien Sie aufrichtig zu sich selbst! Hören Sie auf, über andere zu schimpfen und zu jammern. Lassen Sie sich nicht von äußeren Gegebenheiten ein Leben aufzwingen, das nicht zu Ihnen passt. Wehren Sie sich!

Gehen Sie das Wagnis ein, Ihre Bestimmung zu leben! Verwirklichen Sie jetzt Ihre Träume! Genießen Sie Erfolge, die Ihnen bislang unerreichbar erschienen. Hören Sie auf, sich zu fragen, was andere von Ihnen brauchen. Fragen Sie sich lieber, was Sie „fliegen lässt"!

Wo sind Sie mit Leidenschaft und Eifer dabei? Was wollten Sie schon immer mal tun? Wofür stehen Sie? Welchen „Fußabdruck" möchten Sie hier auf dieser Welt hinterlassen?

Spüren Sie, dass Sie Leben sind! Sie führen kein Leben, Sie sind Leben! Fühlen Sie sich lebendig! Denn Sie leben jetzt! Wo können Sie Ihre Energie einsetzen? Wo können Sie Dinge verbessern und Menschen nach vorne bringen? Kurz: Wo können Sie Liebe sein?

Bleiben Sie sich selbst immer treu! Seien Sie fest entschlossen, keine fremden Erwartungen mehr erfüllen zu müssen! Denn Sie sind der, der Sie sind!

Begraben Sie endgültig Ihr Ego!

Wenn Sie beginnen, authentisch zu denken und zu leben, wird Ihnen das Universum immer mit seiner vollen Kraft zur Seite stehen. Sie werden „wahre Wunder erleben", wenn Sie sind, wie Sie sind.

Wenn Sie sich dazu entschieden haben, Ihr Ego zu Grabe zu tragen, werden Sie sofort Sinnhaftigkeit und Zufriedenheit tief in Ihrem Inneren spüren. Denn Ihr Ego hat mit Ihnen nichts zu tun. Dieser kranke Ehrgeiz hat viel Leid in Ihr Leben gebracht.

Wenn Sie Ihre Bestimmung leben, also Ihrer Intuition folgen, werden Sie mit vollen Händen freudig geben: Zuwendung, Zeit, Aufmerksamkeit, Geld, Unterstützung und Liebe. Und Sie bekommen ein Vielfaches von dem zurück. Denn Sie spüren, dass Ihr Leben zu etwas Höherem dient. Ihr Leben hat einen Sinn und eine Bestimmung.

Sie sind eins mit allem anderen und mit der göttlichen Quelle verbunden. Sie geben jede Kontrolle auf und vertrauen sich an. Sie wollen nichts und bekommen alles.

Nur das Ego erschafft Abhängigkeiten und Dramen. Das Ego stellt Bedingungen und will immer mehr.

Wenn Sie Ihrer Bestimmung folgen, möchten Sie kreativ sein, erschaffen, formen und gestalten. Sie wollen schenken und geben. Immer mehr und immer mehr. Alles ist im Überfluss vorhanden. So, wie die Sonne jeden Tag scheint und uns Wärme und Licht spendet, so spenden Sie Liebe, Freude, Glück und Zufriedenheit. Das ist der Sinn unseres Lebens. Das ist die göttliche Quelle. Wir sind Gott. Gott ist in jedem von uns.

Wir bekommen immer mehr, wenn wir nichts wollen. In Freude zu dienen ist die Kraftquelle, die wir bislang überhaupt nicht kannten. Dem Universum geht es darum, zu schenken. Wenn wir dies erkannt haben und Verständnis, Vertrauen und Liebe schenken, ohne etwas dafür bekommen zu wollen, haben wir die Aufgabe verstanden. Denn wir bekommen immer das, was wir sind!

Erinnern Sie sich an die Energiefrequenz? Wenn Sie geben und schenken, leben Sie auf der höchsten Schwingungsfrequenz! Und es wird Ihnen immer mehr gegeben werden! Ihr Glück wohnt schon jetzt in Ihrem Herzen! Sie müssen sich nichts verdienen oder sich etwas kaufen, um Ihr Glück spüren zu können. Sie sind Glück!

Kein Geld und keine Diamanten der Welt können Sie glücklich machen, wenn Sie nicht bereit sind, zu dienen und zu schenken! Begraben Sie Ihr Ego! Jetzt! Und gewinnen Sie Glück, Zufriedenheit und Vertrauen!

Leben Sie Dankbarkeit! Fühlen Sie tiefe Dankbarkeit in Ihrem Herzen! Widmen Sie Ihr Leben dem Dienen! Und Sie werden reich beschenkt werden! Beten Sie „Danke"! Immer wieder „danke"! Und fühlen Sie die Dankbarkeit! Denn: Sie sind die Dankbarkeit!

Öffnen Sie Ihre Augen und beginnen Sie, mit dem Herzen zu sehen! Ihren Partner, Ihre Kinder, Ihre Eltern, fremde Menschen, Kollegen, Chefs, Bettler, Kinder, Tiere …

Geben Sie! Energie, Zeit, Verständnis, Geld. Und je mehr Sie geben, desto mehr bekommen Sie zurück!

Seien Sie wachsam, wenn das Ego sich windet und wehrt! Sie brauchen nichts! Sie haben alles, was Sie brauchen! Es ist eine Utopie, zu meinen, Sie bräuchten mehr als das, was Sie haben! Seien Sie dankbar für das, was Sie haben!

Beklagen Sie sich nicht über das, was Ihnen fehlt, sondern schätzen Sie das, was Sie haben! Leben Sie Großzügigkeit, auch wenn Ihr Ego flucht und schreit.

Setzen Sie Liebe in die Tat um. Leben Sie Liebe, denn Sie sind Liebe! Dienen Sie anderen Menschen. Zeigen Sie Ihre Liebe auch denen, die sie anscheinend nicht „verdient" haben!

Wir haben auf nichts und niemanden Anspruch! Uns gehört nichts! Wir kommen aus dem Nichts und gehen in das Nichts! Uns gehört nichts! Begraben Sie Ihr Ego! Und damit auch alle Besitzansprüche!

Bisher haben Sie immer an sich zuerst gedacht. Sie waren immer mit sich selbst beschäftigt, mit der Angst und Sorge, zu kurz zu kommen und nicht genug zu kriegen.

Ein egoistischer Wunsch jagte den anderen. Wir waren ständig unter Spannung, wir fühlten uns verkrampft und gehetzt. Die Angst, Dinge zu verlieren, trieb uns um. „Ich zuerst" lautete das Ego-Motto. Wir wurden hart und gefühllos zu uns und anderen. Wir wollten wichtiger sein als andere.

Heute wollen wir beginnen zu teilen, an andere zu denken. Unser Anspruchsdenken führt uns in den Ruin. Den Paradigmenwechsel zu leben heißt, in Demut zu dienen.

Loszulassen ist für viele schwer. Alte Überzeugungen und Denkmuster hinter sich zu lassen, scheint kaum möglich zu sein. Zu sehr kämpft das Ego um sein Überleben.

Wir streben nach Dingen, die wir gar nicht brauchen. Wir wollen immer mehr besitzen und immer erfolgreicher sein. Verzweifelt versucht das Ego, alles und jeden zu kontrollieren und zu hinterfragen.

Doch wenn wir beginnen, unseren Geist zu entrümpeln, gewinnen wir immer mehr Klarheit. Es ist, als wenn wir unseren Keller nach Jahren mal wieder ausräumen. Wenn wir uns von Dingen lösen und verabschieden, gewinnen wir Platz für Neues. Es tut immer gut, sich von Altem und Überholtem zu verabschieden. So bekommen wir mehr Raum für Neues und Sinnvolles.

Wenn wir aufhören, mühevoll nach Geld und Dingen zu streben, die vollkommen vergänglich sind, und uns stattdessen unserem Inneren zuwenden, sind wir augenblicklich reich.

Je mehr wir vertrauen, loslassen und verschenken, umso reicher sind wir. Denn das ist unser wahres Ich, frei von belastenden Ego-Gedanken. Frei von Angst, Sorge, Leid, Schuld, Ärger und Mangel. Je mehr wir dienen, umso sinnhafter empfinden wir das eigene Leben.

Denn unser Leben ist Fülle!

Zehn Tipps für jeden Tag

1. Ich beschließe für heute, in jedem Augenblick in meinem Herzen zu sein. Ich bin heute besonders aufmerksam

Wir haben jeden Tag unzählige Gelegenheiten, um in unser Herz zu gehen. Unser Wille, dies zu tun, ist dabei entscheidend. Unser Leben besteht aus einer scheinbar endlosen Aneinanderreihung von Augenblicken. Und doch wissen wir, dass diese Augenblicke endlich sind.

In unserem Inneren, in unserem Herzen zu sein, bedeutet in der Fülle zu sein.

„Ich bin reiner Geist" ist ein Glaubenssatz, der aus unserem Herzen kommt und den unser Verstand niemals nachvollziehen kann. Unser Verstand kann sich dieses „ich bin" nicht vorstellen, da er immer irgendetwas haben möchte. Entweder mehr Geld oder mehr Zeit oder mehr Freunde oder mehr Macht.

Wenn wir heute achtsam durch den Tag gehen, werden wir Dualität und Trennung sofort erkennen und sofort in unser Herz gehen. Wir strahlen Reichtum, Schönheit und Freude aus. Wir stecken andere an, denn wir sind reine Freude und Begeisterung. Ich lebe Freude, Fülle und Frieden, denn ich bin Freude, Fülle und Frieden.

Dafür entscheide ich mich in jedem Augenblick. Jetzt!

2. Ich entscheide mich heute für Frieden in jedem Augenblick

Über andere zu urteilen schafft Konflikte und Misstrauen. Ein Urteil über jemanden zu fällen, teilt uns vom anderen, wir spüren die Trennung und die Fremdheit des anderen. In dem Moment sind wir isoliert. Wir sind im Mangel und unzufrieden. Ganz tief in uns drin, sehnen wir uns nach Frieden. Wenn wir beginnen, andere so sein zu lassen, wie sie sind, wenn wir nicht mehr „haben wollen", dass sich andere für uns verändern oder Situationen so sind, wie wir uns das wünschen, dann kann Frieden in uns entstehen. Diesen Frieden tragen wir nach außen. Nach dem Resonanzgesetz wird er sich vermehren und multiplizieren.

Wenn Sie sich heute für Frieden entscheiden, sind Sie mit Ihrer Quelle, Ihrem wahren Selbst verbunden. Sie besitzen Größe und bewerten nicht mehr. Sie haben Ihr Ego im Griff, denn das möchte von Ihnen genau das Gegenteil, nämlich den Unfrieden, also unzufrieden mit sich selbst und anderen zu sein.

Sie sind heute ganz besonders aufmerksam und achten im Gespräch mit Ihren Kollegen, Chefs, Partnern und Kindern darauf, wann Sie den friedlichen Weg verlassen wollen und kehren dann sofort um. Sie stellen heute an andere keine Bedingungen. So, wie es ist, ist es gut. Denn es ist, wie es ist.

Ihr Verstand kann nicht wissen, ob die Bedingungen, die Sie an andere stellen, gut oder schlecht für Sie sind. Sie sind kein Richter und kein Hellseher.

Sie sind Frieden. Und damit ist alles gesagt, denn Sie suchen keinen Frieden. Sie sind Frieden.

3. Alles, was ich heute erledige, steht im Auftrag meiner Bestimmung

Normalerweise machen wir uns keine Gedanken darüber, ob das, was wir täglich tun, unserer Berufung entspricht.

Wir erledigen unser tägliches Pensum in der Regel sehr unbewusst. Wir fahren die Kinder in die Schule, wir räumen zu Hause auf, wir gehen noch schnell in den Supermarkt, zum Bäcker und zur Reinigung, wir holen die Wäsche aus der Waschmaschine, wir stehen in der Küche und bereiten ein Essen zu.

Wir machen unseren Job, weil wir ihn eben machen. Wir telefonieren, diskutieren, verhandeln, sitzen im Auto und vor dem PC, reden mit den Kollegen, sitzen in Meetings, im ICE oder im Flieger. Und auch hier sind wir meistens unbewusst.

Unbewusst heißt, wir folgen unseren Gedanken, sorgen uns, geben Gas, um unsere Aufgaben noch besser zu erfüllen, freuen uns zwischendurch, sind dann wieder in der Routine, nehmen diese und jene Emotion wahr, worauf sich unsere Stimmung entsprechend ändert, doch wir sind so gut wie nie in unserem Herzen.

Doch nur in unserem wahren Selbst erfahren wir die Wahrheit über uns.

Was ist unsere Bestimmung hier in diesem Leben?

Die meisten Menschen folgen nicht ihrer Bestimmung. Sie haben Angst vor ihrer eigenen Größe, die sie sich selbst nicht zugestehen. Schließlich hörten wir schon als Kinder die entsprechenden Kommentare, die uns schon immer klein hielten:

- Das schaffst Du sowieso nicht!
- Warum sollte gerade Dir das gelingen?
- Was erwartest Du vom Leben? Meinst Du, Du bist etwas Besseres?
- Du möchtest ins Ausland gehen? Was soll der Blödsinn? Du hast doch hier alles, was Du brauchst!
- Schuster, bleib bei deinen Leisten! Warum willst Du gerade jetzt einen ganz anderen Job beginnen? Woher willst Du wissen, ob das was wird?
- Bei der wirtschaftlichen Lage kann man sich doch nicht selbstständig machen, da machst Du nur Geld kaputt.
- Du hast doch gar nicht genug Geld, um so etwas Großes zu starten!
- Das haben schon ganz andere vor Dir probiert. Und die haben es auch nicht geschafft!

Wir könnten diese Liste noch beliebig fortsetzen.

Unsere Bestimmung schert sich nicht um Bedenkenträger und Zweifler. In unserem wahren Selbst liegt die Codekarte für unseren Lebensplan.

Wenn wir an unsere Bestimmung denken, bekommen wir sofort so ein warmes, kribbeliges Gefühl im Bauch. Leichtigkeit, Tatendrang und Klarheit durchfluten unseren Körper. Dinge, die wir mit Leidenschaft und Freude tun, entspringen unserem Lebensplan. Wir kommen in einen Flow, der uns Raum und Zeit vergessen lässt.

Ich persönlich sehe einen großen Unterschied zwischen den Begriffen „Lebensaufgabe" und „Lebens- oder Seelenplan" (Berufung, Bestimmung).

Lebe ich aus meinem Herzen heraus, werde ich geführt von einer höheren Macht (Universum, Gott), der ich mich anvertrauen kann.

Ich muss also alle Ängste, Zweifel und Befürchtungen loslassen und mich einfach hingeben. Dies fällt den meisten Menschen so schwer, dass sie lieber eine Lebensaufgabe erfüllen. Dies kann eine Karriere sein, die man zielstrebig verfolgt oder eine Qualifikation. Auf alle Fälle ein Ziel, das uns der Verstand vorgibt. Die Gründe sind meistens in materiellen Zielen definiert.

Um aus der Lebensaufgabe zur Bestimmung und Berufung zu kommen, müssen wir erst mal eine ganze Menge „aufgeben". Zum Beispiel alte Denkmuster, Glaubenssätze und einstudiertes Verhalten. Wir müssen uns auf neue Wege einlassen, die uns vielleicht sogar am Anfang große Angst machen, weil wir das Ziel noch nicht eindeutig kennen.

Wenn wir unserer Berufung folgen, bedeutet das, dass wir uns ganz einlassen auf den Weg, den unser Herz uns vorgibt.

Unser Ego wird natürlich alles dafür tun, um dies zu boykottieren. Es wird ein Sabotageprogramm starten und uns schlimme Zweifel und Gründe nennen, warum so etwas überhaupt nicht funktionieren kann. Es wird uns verunsichern, so gut es kann, denn es wäre für unser Ego das Schlimmste, wenn wir glücklich wären und unserer Bestimmung folgen und uns aus dem Ego-Zwang befreien würden.

Egal, ob wir unsere Bestimmung beruflich leben oder erst mal als Hobby oder Ehrenamt, wir sollten sie nie vergessen. Menschen, die ihre Bestimmung täglich leben, führen ein ausgefülltes, sinnhaftes Leben, mit spannenden Begegnungen und immer neuen Aufgaben und Herausforderungen.

Nutzen Sie also den heutigen Tag und fragen sich, bei allem, was Sie heute tun: Entspricht dies meiner Bestimmung? Was Ihrer Bestimmung entspricht, merken Sie ganz einfach daran, dass Sie es mit großer Freude tun und dass Sie sich dabei nicht stressen lassen, sondern in Ihrem Herzen sind.

Leben Sie in Ihrem Job Ihre Bestimmung? Freuen Sie sich jeden Morgen auf Ihren Job? Was können Sie in Ihrem Job für andere tun? Bereichern Sie die Welt mit Ihrem Tun? Oder wollen Sie immer nur etwas erreichen, um noch mehr Geld zu haben?

Stellen Sie sich heute immer wieder diese Fragen, hören Sie in Ihr Herz hinein, das schon alle Antworten für Sie bereithält. Dann kommen Sie Ihrer Bestimmung ganz nah. Und, wer weiß, wenn Sie Ihre Bestimmung bisher noch nicht in allen Bereichen leben, tun sich dann Türen und Wege auf, von denen Sie bisher noch nicht einmal ahnten, dass es sie gibt.

4. Heute entscheide ich mich dafür, alle Menschen reich zu beschenken

Das klingt unglaublich, oder? Stellen Sie sich vor, alle Menschen würden sich jeden Tag reich beschenken. Wie würde dann die Welt aussehen!

Starten Sie den Versuch und beschließen Sie, heute alle Menschen, denen Sie begegnen, vollkommen uneigennützig zu beschenken. Ich bin gespannt, welches Resümee Sie heute ziehen werden! Starten Sie gleich heute Morgen!

Begrüßen Sie zuerst sich selbst mit einem strahlenden Lächeln vor dem Spiegel, atmen Sie tief und in Ruhe ein und aus, richten Sie Ihren Fokus auf Ihr Herz, atmen Sie in Ihren Brustkorb hinein. Nachdem Sie das Badezimmer verlassen haben, begrüßen Sie alle Familienmitglieder mit einem kleinen Kuss und einem noch strahlenderen Lächeln. Verbreiten Sie gute Laune und Dankbarkeit.

Achten Sie darauf, dass Sie alles in Ruhe erledigen können. Ziehen Sie die Kinder in Ruhe an, räumen Sie in Ruhe den Frühstückstisch ab. Wenn Sie in Ihr Auto steigen, atmen Sie wieder ruhig und tief aus und ein und konzentrieren sich auf Ihre Essenz.

Beschließen Sie, heute das Autoradio nicht einzuschalten und stattdessen die Musik zu hören, die Ihnen gute Laune macht. Das können die „Vier Jahreszeiten" von Vivaldi sein, Michael Jackson oder auch Cro. Singen Sie mit, lächeln Sie und beschließen Sie, dass Sie den ersten Menschen, der Ihnen heute begegnet, mit einem strahlenden „Guten Morgen" begrüßen, egal, ob Sie ihn kennen oder nicht.

Wenn Sie in der S-Bahn oder im Flugzeug sitzen, nehmen Sie die Menschen um sich herum wahr. Lassen Sie Ihren Laptop versuchsweise aus und studieren Sie die Menschen um sich herum. Wer sieht glücklich aus? Wer lächelt zufrieden? Wem sieht man seine Sorgen an? Wer wirkt auf Sie aggressiv?

Bringen Sie sich in diese Gesellschaft ein, indem Sie andere uneigennützig unterstützen, wann immer es möglich ist. Es tut Ihnen selbst gut, jemandem die Türe aufzuhalten, einen guten Tag zu wünschen, zu helfen oder aufmerksam zu sein.

Es reicht schon, an der Kasse beim Bäcker einer alten Dame die Tasche aufzuhalten und ihr beim Einpacken behilflich zu sein. Viele alte Menschen sprechen manchmal tagelang kein Wort mit anderen Menschen, weil sie allein leben und einfach keiner für sie da ist. Viele alte Menschen sind einsam. Sprechen Sie alte Menschen an, wenn es sich ergibt. Sie werden staunen, mit welcher Freude man Ihnen begegnet! Dies ist ein großes Geschenk …

Und so machen Sie weiter den ganzen Tag. Sie verbreiten die beste Laune unter den Kollegen, sind superfreundlich zum Chef und zu den Kunden, Sie atmen immer wieder in Ihr Herz hinein und konzentrieren sich auf Ihre wahre Essenz.

Wenn Sie sich heute vornehmen, Menschen reich zu beschenken, dann ist das keine Frage des Geldes. Es ist vielmehr eine Frage Ihres Füllebe-wusstseins. Sie können diese Aufforderung, Menschen zu beschenken, vielleicht nicht ernst nehmen, weil Sie sich fragen: „Und was springt für mich dabei heraus?" Aber am Ende des Tages werden Sie merken: Wenn Sie einen Tag lang andere mit Aufmerksamkeit, Höflichkeit, Achtsam-keit und Freundlichkeit beschenken, beschenken Sie in erster Linie sich selbst.

Sie fühlen sich beschwingt, es kommen Ihnen gute Ideen für den Tag. Sie lächeln öfter, was in Ihrem Gehirn zu einem erhöhten Ausstoß an Glückshormonen führt. Sie fühlen sich einfach glücklich, weil Sie ande-re glücklich sehen.

Menschlichkeit oder auf Neudeutsch „Sozialkompetenz" ist das Netz einer Gesellschaft, das die Menschen zusammenhält. Wenn eine Ge-sellschaft nur noch aus einem Haufen egozentrischer Egoisten besteht, wird sie über kurz oder lang in sich zusammenbrechen, weil es keine Gemeinschaft mehr gibt.

Doch wenn wir beginnen, die Menschen um uns herum wieder wohl-wollend zu sehen, entsteht automatisch mehr Menschlichkeit. Und es ist bestimmt kein Fehler, wenn wir dies unseren Kindern vorleben – und das nicht nur an einem Tag.

5. Heute achte ich auf meine Emotionen

Jeden Tag erleben wir einen bunten Fächer an Emotionen und Gefüh-len. Unsere Gedanken, die der Verstand uns beschert, schaffen unsere Gefühle, nach denen wir dann, meist unbewusst, handeln.

Ein Mensch, der von Angst und Sorgen getrieben ist, schaut neidisch auf andere, denen es seltsamerweise immer viel besser geht als ihm. Er begegnet anderen voller Misstrauen, sieht überall Gefahren und Fallen, kann nicht wirklich glücklich sein.

Wenn Konkurrenzdenken, Gier nach immer noch mehr Geld und Besitz, Beziehungen, Ressourcen und Vergünstigungen, die Sucht nach Ego-Vorteilen wie Macht, Status und Über-den-anderen-stehen das eigene Handeln beherrschen, dann kann ein Mensch nicht in der Fülle sein. Das ist vollkommen unmöglich.

Wenn jemand überwiegend in Stress, Hetze und Hektik lebt und ihm die Zeit durch die Finger rinnt, wenn er immer rennt, sich selbst hinterherläuft und von der Uhr versklavt wird, kann dieser Mensch nicht aus seinem Herzen heraus handeln. Er hat gar keine Chance, in sein Herz zu kommen. Dafür fehlen Ruhe und Achtsamkeit. Dieser Mensch ist ein Gefangener seines Egos. Er wird Emotionen wahrnehmen wie Getriebensein, Oberflächlichkeit, Unruhe, Leere und Sinnlosigkeit.

Es kann sehr spannend sein, sich selbst einen Tag lang zu beobachten und zu schauen, welche Gefühle und Emotionen bei einem selbst dominieren. Vielleicht machen Sie sich auch ein paar Tage hintereinander kleine Notizen, die Sie dann am Ende auswerten. So lernen Sie Ihre Gefühle und Emotionen besser wahrzunehmen und zu unterscheiden.

Grundemotionen des Egos sind immer Angst, Schuld und Aggression in allen möglichen Abstufungen. So erwachsen aus Angst zum Beispiel Zweifel, Sorge, Befürchtung, Misstrauen. Aus Schuld entstehen Schuldgefühle, Anschuldigungen, Abhängigkeiten, Beurteilungen und Aggression, wenn die Suche nach wahrer, bedingungsloser Liebe nicht beantwortet wird.

Aggressionen sind der Schrei nach Liebe. Die Abstufungen der Aggression sind Wut, Zorn, Ablehnung, Widerstand, Groll, Hass, Leid, Ironie, Zynismus, Eifersucht, Intoleranz, Fanatismus. Gegen diesen unglaublich großen Mangel gibt es nur eine verlässliche Medizin zur Heilung: Bedingungslose Liebe. Wobei bedingungslose Liebe nicht auf zwei Partner in einer Liebesbeziehung begrenzt ist, sondern auf alle Beziehungen, die man über die Person hinaus sehen sollte.

Zum Beispiel die Beziehung zu Kollegen, Familienmitgliedern, Vereinsfreunden oder Sportpartnern. Auch hier gibt es „liebevolle" Beziehungen, bei denen Respekt, Achtung, Toleranz und Achtsamkeit im Vordergrund stehen.

Liebe ist also vollkommen losgelöst von Sex, denn Liebe und Sex haben zunächst einmal keinen ursächlichen Zusammenhang. Menschen können Sex haben, ohne sich zu lieben, und Menschen können sich lieben, ohne Sex zu haben.

Wenn zwei Menschen sich bedingungslos lieben und Sex, der dem Herzen entspringt, gemeinsam erleben und mit allen Sinnen fühlen, das ist die Krönung einer Beziehung, die man dann durchaus Liebesbeziehung nennen kann.

Zurück zu unseren Gefühlen und Emotionen …

Sie werden bei Ihren Recherchen über sich selbst feststellen, worauf Sie besonders sensibel reagieren, wo Ihre sogenannten wunden Punkte sind. Jeder Mensch hat eine ganze Anzahl sogenannter Trigger (Auslöser), auf die er ganz speziell reagiert.

So können traumatische Erlebnisse aus der Kindheit durch Gerüche, bestimmte Geräusche, Bemerkungen und Äußerungen, wieder präsent sein. Sie können aufgelöst werden durch den Erwachsenen, der sich jetzt nicht mehr als ohnmächtiges Opfer erleben muss, sondern als handlungsfähiger Mensch, der mit der Situation umgehen kann.

Sie können alte Ego-Strukturen, wie Glaubenssätze, die heute nicht mehr stimmen, alte Denkmuster Ihrer Eltern und Bezugspersonen sowie Verhaltensweisen, die überhaupt nicht mehr zu Ihnen passen, reflektieren und auflösen. Demgegenüber stehen Gefühle, die aus dem Herzen kommen. Die Grundgefühle sind hier: Freude, Fülle, Frieden und bedingungslose Liebe.

Aus diesen Gefühlen erwachsen andere Gefühle, wie zum Beispiel Wärme, Verbundenheit, Klarheit, Toleranz, Gelassenheit, Respekt und Wertschätzung. Durch Achtsamkeit entsteht eine ständige Gegenwärtigkeit und Präsenz, eine Tiefe aus dem Moment heraus, aus der bedingungslose Liebe entstehen kann.

Geduld, Mitgefühl, Empathie und Verständnis sind weitere Gefühlsvarianten, die aus dem Herzen heraus kommen. Wertneutralität, also die Fähigkeit, Menschen und Situationen nicht zu bewerten und zu beurteilen, lässt eine großmütige Grundhaltung entstehen.

Die Liste Ihrer Emotionen und Gefühle ist spannender als jeder Krimi, denn so können Sie an sich die verschiedenen Ego-Strukturen feststellen und später auch auflösen.

Gehen Sie abends mit dem wertvollsten Gefühl schlafen, das Ihnen die nötige Ruhe für die Nacht schenken wird: Dankbarkeit. Danken Sie abends für alles, was Ihnen gut gelungen ist, was Sie bekommen haben und was Ihnen gut getan hat. Schließen Sie Ihre Familie mit ein.

So kommt Ihre Seele zur Ruhe, und Sie sind entspannt für die Nacht.

6. Ich beschließe heute, mir nichts zu wünschen

Hört sich auf den ersten Blick auch ein wenig seltsam an, oder? Warum sollten Sie sich nicht einen Traumpartner wünschen oder ein tolles Auto oder eine Weltreise oder den besten Job der Welt oder kluge, begabte Kinder oder ein superschönes Haus …?

Nun, weil wir, wenn wir uns etwas wünschen, dem Universum wieder einmal mehr unseren Mangel mitteilen. Mit unseren Wünschen drücken wir aus, dass wir mit dem, was wir gerade haben oder mit dem, was wir gerade sind, nicht einverstanden und zufrieden sind. Und damit sind wir schon wieder mitten im Ego-Denken verhaftet. Wir sind im Mangel, wir senden auf der niedersten Energiefrequenz und werden somit mangelhafte Ergebnisse erzielen.

Viel effizienter als wünschen wäre es, zufrieden zu sein mit dem, was wir haben und sind. Denn es ist immer genau so viel, wie wir brauchen, nicht mehr und nicht weniger. Wenn wir uns nichts wünschen und stattdessen in jedem Augenblick in unser Herz gehen, unsere Fülle spüren und wissen, dass wir schon alles sind, gibt es keinen Mangel mehr.

Wir brauchen nichts. Das hört sich komisch an. Aber ist es nicht so, dass wir uns Dinge und Situationen wünschen, die aus dem Ego kommen? Noch besser werden, noch mehr Geld haben, noch erfolgreicher sein wollen?

Wenn Sie in Ihrer Essenz sind, dann haben Sie eine vollkommen andere Ausstrahlung, als wenn Sie sich bedürftig etwas wünschen. Sie sind mit sich zufrieden und nicht auf der Suche nach irgendetwas.

So sind Sie ein vollkommen anderes Energiefeld. Sie senden auf höchster Frequenz, und nach dem Resonanzgesetz kommt genau das in Ihr Leben, was Sie ausstrahlen. Daher würde ich mich freuen, wenn Sie heute wirklich einmal einen Tag in vollster Dankbarkeit erleben und sich nichts wünschen, eben wunschlos glücklich sind.

Denn Sie sind schon alles. Sagen Sie sich: „Ich bin Frieden, ich bin Freude, ich bin reines göttliches Selbst, ich bin Dankbarkeit und ich bin Licht." Fühlt sich das nicht viel besser an, als sich etwas zu wünschen?

7. Heute bin ich reine, bedingungslose Liebe

Was sich so einfach und belanglos anhört, kann in der Realität ganz schön herausfordernd sein. Wenn Sie für heute beschließen, reine, bedingungslose Liebe zu sein, bedeutet das, sich voller Hingabe diesem Tag anzuvertrauen. Bedingungslose Liebe ist frei von Angst, Schuldgefühlen, Zweifeln, Sorgen und Befürchtungen. Sie kennt auch keine Aggression, weder gegen sich selbst oder gegen andere.

Hingabe bedeutet nicht, sich von anderen alles gefallen zu lassen und grinsend durch den Tag zu gehen. Nein, Hingabe ist so viel mehr! Wir betrachten alles und jeden mit einem wohlwollenden Geist. Wir nehmen Menschen und Situationen an, ohne dagegen anzukämpfen. Wir bauen also keinen Widerstand auf. Wir sind jeden Moment ganz in unserer Essenz.

Und wenn wir vor lauter Stress und Druck nicht in unser Herz kommen können, nehmen wir uns fünf Minuten Zeit, gehen kurz an einen Ort, wo wir für uns sind und führen unseren Fokus und unsere

Konzentration in unsere Mitte, wir kommen also von außen nach innen. Wenn wir bis jetzt vollkommen auf die Menschen und die Hektik „da draußen" konzentriert waren, sagen wir nun „Stopp!" und beschließen, der Schöpfer unserer Realität zu sein.

Und da wir heute bedingungslose Liebe sind, lassen wir alle Urteile und Bewertungen los und wissen, dass alles in Ordnung ist und alle Probleme eine Illusion sind.

Wir machen Lebenssituationen und Menschen zum Problem, indem wir ihnen unsere ganze Aufmerksamkeit schenken. Es gibt keine Probleme. Es gibt Menschen und Lebenssituationen. Wenn wir diese zu unserem Problem machen, indem wir uns pausenlos mit ihnen beschäftigen, wenn sich unsere Gedanken ständig um sie herum drehen, ist dies unser Problem. Wir haben gerade ein Problem erschaffen.

Bedingungslose Liebe ist die Präsenz im gegenwärtigen Moment. Sie erschafft niemals Leiden. Sie lässt auch in Beziehungen die Menschen so sein, wie sie sind. Es ist keine Liebe, wenn wir Menschen und Beziehungen verändern wollen. Oder wenn wir viel Energie investieren, um Beziehungen so zu verändern, dass sie in unsere Vorstellung von Beziehung passen. Bedingungslos lieben heißt, in der Hingabe und Achtsamkeit zu sein.

Wir können anderen immer unsere ehrliche Meinung mitteilen und sagen, wenn wir mit etwas nicht einverstanden sind. Wir können auch Verhaltensweisen in Beziehungen ansprechen, mit denen wir nicht klarkommen. Das sollten wir sogar, denn eine ehrliche und offene Kommunikation ist die Basis für eine gelingende Beziehung. Nur achten wir darauf, dass sich der andere nicht verändern muss, damit er oder sie unsere „Liebe" bekommt. Denn dann sind wir wieder in der Ego-Struktur des Haben-Wollens.

Wir dürfen uns auch jederzeit von Beziehungen lösen, wenn diese uns zeigen, dass wir weiterziehen wollen. Wenn Menschen jedoch gemeinsam in Beziehungen wachsen und sich entwickeln, wenn also jeder aus seiner Essenz heraus handelt, dann sind Beziehungen ein Gewinn.

Menschen, die in Abhängigkeiten leben, die sich nicht getrauen, sich aus nicht gelingenden Beziehungen zu lösen, diese Menschen sind von sich selbst getrennt. Ihr Ego macht sie so sehr zum Opfer, dass sie handlungsunfähig sind. Das Opfer-Täter-Spiel zwischen Menschen kann nur aus der Ego-Persönlichkeit erwachsen.

Menschen, die andere Menschen dominieren, handeln niemals aus ihrem Herzen heraus. Diese Menschen wurden meistens selbst dominiert und fühlen sich klein, unsicher und schwach. Sich durch ein kraftvolles und dominantes Auftreten Respekt zu verschaffen, dafür zu sorgen, dass die Menschen so funktionieren, wie es für einen richtig ist, ist extrem lieblos und ego-gesteuert.

Bedingungslose Liebe in Beziehungen ist immer auf Frieden, Freude und Erfüllung aufgebaut. Sie lässt dem anderen den Raum, sich zu entfalten, um den eigenen Seelenplan realisieren zu können. Beziehungen sollen uns in Wahrheit nicht glücklich machen. Da sie ein Spiegel eines Teils in uns sind, sollen sie die Menschen, die in einer Beziehung zueinander stehen, in die Freiheit führen.

In der Essenz sind wir alle reine, bedingungslose Liebe.

8. Ich bin heute grenzenlose Fülle! Mangel ist eine Illusion

Wenn Menschen sich einreden, sie bräuchten mehr Geld, mehr Zeit, mehr Anerkennung, mehr Freunde, mehr Liebe, dann sind sie im Mangel. Das Ego liebt es, wenn wir im Mangel sind. Denn dann sind wir von den anderen getrennt und sehen uns als leidendes Individuum, das Fülle nicht verdient hat und daher unglücklich ist.

Mangel ist immer Widerstand gegen das, was gerade ist. Wenn wir achtsam sind, dann spüren wir Mangel sofort, denn seine Emotionen fühlen sich belastend an: Neid, Unsicherheit, Minderwertigkeit, sich mit anderen vergleichen, Unzufriedenheit und innere Leere sind Anzeichen des Mangels in uns.

Und Widerstand bedeutet immer Leid. Viele Menschen wollen zwar nicht leiden, ziehen mit ihrem Leid jedoch immer mehr Mangel an. Denn sie senden auf einer extrem niederen Frequenz, und sie ziehen Menschen und Situationen in ihr Leben, die wiederum reiner Mangel sind.

So sehen sie ihre Ängste und „negativen" Erwartungen immer bestätigt. Dabei erkennen sie gar nicht, dass sie es sind, die immer neuen Mangel in ihr Leben bringen.

Wenn Sie sich für heute vornehmen, ganz in Ihrer Fülle zu sein, dann achten Sie darauf, sich in Hingabe zu üben. Alles, was Sie haben und erleben, ist genau das, was Ihr Lebensplan für Sie vorgesehen hat. Es ist weder zu wenig noch zu viel. Es ist, wie es ist, und es ist genau richtig.

So erkennen Sie, dass jeder Mangel eine Illusion ist, die in Ihrem Gehirn entsteht. Ihr Verstand möchte Ihnen einreden, dass Sie von allem zu wenig haben und noch mehr leisten müssen, um noch mehr zu erreichen und noch mehr zu bekommen, um so endlich glücklich werden zu können.

In der Fülle erkennen Sie jedoch, dass Sie zuerst glücklich sein müssen, erst in Ihrem Herzen verankert sein sollten, um so die eigene Freiheit, den Frieden und die Freude spüren zu können. Im Einklang mit Ihrer Inspiration und Intuition können Sie so handeln, wie Sie es von einem höheren Selbst durch eine intuitive Stimme vorgegeben bekommen.

Dann werden Sie alles bekommen, was Sie brauchen. Sie werden von den Ergebnissen überrascht sein, denn in der Fülle können Sie aus dem Vollen schöpfen. Sie werden niemals mehr in der Illusion des Mangels verhaftet sein.

Ein Leben in der Fülle ist ein Leben in Hingabe und Achtsamkeit. Das Ego wird das natürlich nicht einfach so hinnehmen, denn wieder einmal ist seine Existenz in Gefahr. Es wird Ihnen Angst einflößen, es möchte erreichen, dass Sie unsicher sind und sich wieder zurück in die Ego-Persönlichkeit begeben.

Nur ein offenes Herz kann in Hingabe leben. Sich ohne Bedingungen und Befürchtungen auf das einzulassen, was jetzt und hier ist, verlangt ein Höchstmaß an Vertrauen. Vollkommene Wertneutralität ist die Voraussetzung für Hingabe. Menschen, die verurteilen und bewerten, sind niemals neutral, also auch niemals in ihrer Fülle.

Menschen, die in ihrem Herzen sind, akzeptieren wütende, tobende und aggressive Menschen, denn sie wissen, dass diese aus einer tiefen Angst heraus agieren und nach Liebe schreien. Sie haben die Kraft, geduldig und gelassen zu reagieren, ohne ein Urteil zu fällen.

Versuchen Sie es einen Tag, in dieser Fülle mit Achtsamkeit und Hingabe zu leben. Sie sind reines göttliches Sein, das macht Sie unverletzbar. Sie sind mit der höchsten Macht verbunden, durch Sie fließt ein Höchstmaß an Energie. So können Sie alles geschehen lassen, ohne es zu bewerten.

Immer, wenn wir Menschen und Situationen beurteilen, verursacht das in uns Angst und Widerstand. Warum? Weil wir getrennt sind von der Quelle des reinen Seins. Weil wir die anderen als Gefahr wahrnehmen, die uns Dinge wie Geld, Freunde und Glück wegnehmen können, da sie viel besser und erfolgreicher sind als wir.

Doch wahre innere Freiheit entsteht nur in der Hingabe. Schreiben Sie Ihre Erlebnisse und Erfahrungen auf, wenn Sie aus der Fülle und Hingabe heraus handeln. Seien Sie Fülle bei Ihren Kollegen, Kindern, Partnern, Freunden und Chefs. Lassen Sie sich überraschen, was geschieht. Je mehr, je länger und je öfter Sie in der Fülle verharren, umso leichter fällt es Ihnen. Sie fühlen sich in diesem Zustand extrem wohl und wollen immer wieder dorthin zurückkommen.

Sie haben Ihren ganzen Ballast abgeworfen und fliegen nun unbeschwert und leicht über allen anderen hinweg bis an den Horizont. Sie sehen die Vögel, die Sonne und die kleinen Menschen dort unten und aus dieser Metaperspektive heraus bleiben Sie in Ihrer Fülle. Sie können frei und tief atmen. Sie spüren keine Enge mehr. Sie sind Freiheit und Sie sind Freude. Aus der Fülle entspringt eine wunderbare Leichtigkeit.

Sie wollen dieses Gefühl immer wieder spüren, denn es trägt Sie wundervoll durchs Leben.

Interessant ist dabei auch, dass Sie durchlässig für Angriffe und die Wut und den Zorn der anderen werden. In diesem Zustand der Freiheit müssen Sie sich nicht mehr verteidigen. Sie können den anderen Recht haben lassen, es berührt Sie nicht mehr. Worte, Anfeindungen und Angriffe prallen an Ihnen ab. Sie müssen sich nicht mehr wehren und rechtfertigen.

Sie sind vollkommen wertneutral und die „negative" Energie kann verfliegen. So sind Sie wirklich frei. Und das fühlt sich wundervoll an. Wirkliche Freiheit entsteht nur in der Fülle.

Genau das ist das Geheimnis der Hingabe: Sie sind wirklich frei und es darf geschehen, was geschieht. Sie nehmen es hin, und wenn Sie es wirklich schaffen, neutral in Ihrem Herzen zu sein, dann funktioniert Hingabe. Wenn Sie Urteile und Bewertungen Ihres Verstandes im Hinterkopf haben und schon wieder zweifeln, ob das alles einen Sinn macht, dann haben Sie schon wieder verloren, denn das Ego hat Sie wieder.

Der Schlüssel zu wahrer Freiheit ist Hingabe! Probieren Sie es aus!

9. Heute entschließe ich mich dazu, dankbar zu sein!

Ich freue mich sehr, dass Sie den heutigen Tag in Dankbarkeit verbringen wollen!

Wenn wir unbewusst sind, und das sind wir zu 90 % des Tages, dann fällt uns immer nur auf, was wir nicht haben, was uns noch fehlt, um endlich glücklich sein zu können. Doch viel hilfreicher ist es, wenn wir für die Dinge und Beziehungen, die wir haben, dankbar sind. Echte, tiefe, warm empfundene Dankbarkeit fühlt sich gut an.

Eine ganz andere „Dankbarkeit" ist es, wenn unser Verstand vor sich hinplappert und sagt: Danke für mein Auto, meine Kinder, meine Eigentumswohnung und für meine Frau, die auch noch ein paar Euro dazuverdient. Danke für meine Gehaltserhöhung, danke, dass ich den

Halbmarathon am vergangenen Wochenende durchgehalten habe und danke, dass mein Chef zum Jahresende endlich in den Ruhestand geht.

Das ist reines Ego und hat mit wahrer Dankbarkeit gar nichts zu tun.

Um Dankbarkeit wirklich mit dem Herzen fühlen zu können, müssen wir ganz tief in unserer Essenz sein. Wir atmen Dankbarkeit ganz bewusst in unser Herz hinein. Wir schließen die Augen, atmen tief ein und aus und spüren unser Bewusstsein für Dankbarkeit.

Wir sehen uns in unseren Herausforderungen des Alltags, wie wir aufhören zu kämpfen, sondern Hingabe sind. Wir begreifen sogenannte Probleme, Herausforderungen und Angriffe als wertvolle Möglichkeit zu wachsen und noch mehr in unsere Essenz zu kommen.

Dankbar nehmen wir jede Situation und jede Beziehung als Teil von uns an. Mit geschlossenen Augen atmen wir tief und ruhig weiter. Wir sehen unsere Familie oder Freunde vor uns. Sie sind alle gesund und lebendig. Dafür sind wir dankbar. Wir sehen unsere Kollegen, die wir alle vollkommen neutral so lassen können, wie sie sind.

Wir fühlen Dankbarkeit für unser Leben. Dass wir genau dieses Leben leben dürfen, mit all seinen Aufgaben und Hinweisen. Einen Tag in Dankbarkeit zu erleben, ist überaus spannend.

Achten Sie einmal auf die vielen kleinen Dinge, die für uns selbstverständlich sind, die wir überhaupt nicht mehr wahrnehmen und für die wir jedoch dankbar sein dürfen. Gehen Sie heute einmal in Ruhe durch diesen Tag, und erleben Sie so viel Bewusstheit wie möglich.

Werden Sie zum Schöpfer Ihrer eigenen Realität. Niemals sind Sie ein Opfer der Umstände. Niemals! Sie haben immer die Macht, sich zu entscheiden. So oder so. Sie können immer Ihr Leben in die Hand nehmen.

Als erstes dürfen wir dankbar sein, dass wir uns aus den Fesseln des Egos befreien können und auch die Macht dazu haben. Das fühlt sich vielleicht manchmal schwierig und kompliziert an, ist es in Wahrheit jedoch nicht. Denn wir haben von einem Moment auf den anderen die

Wahl, unsere Konzentration auf unser Herz zu richten und wieder ganz bei uns zu sein.

Dies ist reine Übungssache, das liegt an uns, wie wichtig uns dieser Quantensprung ist.

Ego-Persönlichkeiten sind ständig unzufrieden mit sich und den anderen. Sie leben in einer ständigen Unruhe. Selbst wenn die Umstände gerade gut zu sein scheinen, wenn sie anscheinend genug Geld verdienen, einen Superjob und einen tollen Partner bzw. eine tolle Partnerin an der Seite haben, sind dies wieder nichts als getarnte Egofallen. Sie verharren dann in der Bequemlichkeit, dümpeln satt und dumpf vor sich hin und haben keinen Antrieb, sich selbst weiterzuentwickeln. Doch sobald Geld, Besitz und Traumpartner verschwunden sind, ist der Mangel schon wieder da und bläst ihnen unangenehme Mangelgedanken ins Gehirn.

Wahre Dankbarkeit entsteht, wenn wir durch Leidensdruck, der durch Krankheit, Mangel oder Lieblosigkeit ausgelöst wird, zu mehr Bewusstsein geführt werden und einen anderen Blickwinkel einnehmen. Wenn äußere Situationen uns zu einem Erwachen führen und uns unser wahres Selbst entdecken lassen, sodass wir schließlich in unsere Essenz kommen, können wir echte und tiefe Dankbarkeit fühlen.

Sie sollten heute anstreben, in Situationen, die Ihnen unangenehm sind und die Sie normalerweise heftig aufregen, Dankbarkeit zu empfinden. So können Sie die Chance bekommen, in Ihr Herz zu gehen, um Ihre Fülle zu spüren. So erleben Sie äußeren Wohlstand als ein Zeichen von äußerer Fülle, aber Sie brauchen ihn nicht mehr und können ihn jederzeit wieder loslassen.

Wenn Sie jedoch noch im Ego-Denken sind und meinen, Sie könnten die sogenannte äußere Welt manipulieren, um so an mehr Geld und Anerkennung zu kommen, dann sind Sie auf dem falschen Weg. Solange uns das Ego mit Problemen beschäftigt und uns einredet, wir müssten ständig neue Probleme und Beziehungsdramen lösen, solange können wir keine echte und tiefe Dankbarkeit fühlen.

Erst dann, wenn wir die Ego-Spielchen erkennen, verstehen und durch-schauen, haben wir die Möglichkeit, unser Verhalten und Denken zu verändern. Erst wenn wir uns verändern, unseren Verstand und unsere Gedanken auf Abstand halten und uns nicht mehr mit ihnen identifizie-ren, können wir in unser wahres Selbst kommen. Dann fühlt sich Dank-barkeit reich und warm an. Dann kann sich Dankbarkeit in unserem Herzen erwärmen, um dann nach draußen zu gehen, um andere damit zu nähren. Das wiederum ist Fülle und Frieden.

Probieren Sie es heute aus und schauen Sie, was passiert!

10. Heute achte ich ganz bewusst auf meinen Körper!

Ein gesundes Körperbewusstsein kann genauso trainiert werden, wie ein Leben aus dem Herzen heraus. Ernährung, Bewegung, Fitness und die Akzeptanz von Krankheit als eine Aufforderung, in die eigene Mitte zu gehen, sind die Voraussetzung dafür, um den Körper, der uns für dieses Leben gegeben wurde, in einem Top-Zustand zu erhalten.

Vitalität, Beweglichkeit und ein achtsamer Geist schaffen Kreativität, Klarheit und Motivation. Ein müder, ausgelaugter, erschöpfter Körper behindert uns, wenn wir unsere Potentiale leben und umsetzen wollen. Daher entscheiden wir uns heute dafür, achtsam mit unserem Körper umzugehen.

Achten Sie auf Heißhunger-Attacken, Suchtessen und Verlangen nach bestimmten Stoffen, wie Zucker, Fett und Kohlehydraten. Wann fühlt sich Ihr Körper müde an? Gibt es einen Zusammenhang zwischen Ihren Essgewohnheiten und dem Zustand Ihres Körpers?

Achten Sie viel zu viel auf äußere Dinge, wie Sie auf andere wirken, was Sie darstellen und drücken das mit Ihrer Kleidung oder der Frisur aus? Wollen Sie sich mit Ihrem attraktiven Aussehen „Liebe" und Auf-merksamkeit erkaufen? Soll Ihr durchtrainierter Körper andere beein-drucken? Wollen Sie sich durch Ihren attraktiven Körper über andere stellen, um zu signalisieren: „Hey, schaut her! Ich bin etwas ganz Be-sonderes"?

Wie geht es Ihnen nach einem schweren Essen? Fühlen Sie sich dumpf, müde und matt? Wann essen Sie was? Warum essen Sie? Aus Verzweiflung, aus Wut, aus Einsamkeit, aus Sehnsucht? Oder aus Frust und Ohnmacht? Wollen Sie wirklich essen, wenn Sie essen? Oder essen Sie nur, weil gerade Mittagspause ist und jetzt alle essen? Was sagt Ihnen Ihr Körperbewusstsein? Bewegen Sie sich, wenn Ihr Körper Bewegung braucht? Zwingen Sie Ihren Körper zu extremen Leistungen im Sport? Warum treiben Sie extreme Sportarten? Was wollen Sie damit bewirken? Was bringt Ihnen der Kick, am Limit zu sein?

Wenn Sie achtsam mit Ihrem Körper umgehen, dann werden Sie spüren, wann er was braucht. Er wird Ihnen sagen, welche Nährstoffe ihm fehlen, wann er sich wie bewegen möchte oder wann ihm Ruhe und Entspannung lieber sind. Wenn Sie mit Ihrem Körper im Einklang sind, dann respektieren Sie ihn und geben ihm durch Ernährung und Bewegung genau das, was in diesem Moment für ihn wichtig ist, um gesund und leistungsstark zu bleiben.

Fragen Sie sich immer wieder, warum Sie jetzt gerade antriebslos sind, warum Sie morgens fast nicht aus dem Bett kommen und nach dem Frühstück schon wieder einschlafen könnten. Warum essen Sie ganz lange Zeit gar nichts und stopfen dann den halben Kühlschrank in sich rein? Warum machen Sie Diäten? Warum lehnen Sie Ihren Körper ganz oder teilweise ab? Warum gefallen Sie sich nicht? Warum sollten Sie sich erst verändern, bevor Sie sich gefallen?

Warum brauchen Sie Suchtmittel? Wie geht es Ihnen, wenn Sie sich mit Suchtmitteln betäuben oder ablenken? Wovor haben Sie Angst, genauer hinzuschauen? Was suchen Sie, wenn Sie Suchtmittel konsumieren?

Dieser Tag heute soll der Tag sein, an dem Sie auf Symptome, Schmerzen, Anzeichen und Auffälligkeiten achten, die Ihr Körper Ihnen mitteilen möchte. Sehen Sie jedes kleine Symptom als Hinweis, dass Sie gerade nicht in Ihrem Herzen sind. Nutzen Sie die Hinweise Ihres Körpers! Gehen Sie heute sehr bewusst mit sich um.

Sie sollen sich dabei nicht quälen, sondern einen Überblick verschaffen, wie wertvoll Ihr Körper für Sie ist. Sie sollen erkennen, wie Ihr Ego Sie in immer neue Fallen lockt, um Ihre eigene Unzufriedenheit in Sachen Essen, Bewegung und Krankheit aufrecht zu erhalten und zu schüren.

Ihr Körper kann immer nur so leistungsfähig und stark sein, wie Sie es ihm zugestehen.

Sechs Tipps für das tägliche Business

Als Unternehmer und Führungskraft bewusst denken und handeln

Unternehmer und Führungskräfte, die aus ihrem Herzen heraus handeln, werden Ihnen sofort auffallen. Sie sind beliebt, akzeptiert und respektiert. Für diese Menschen sind Hierarchien unwichtig und keine Voraussetzung, um sich kompetent fühlen zu können.

Diese Führungskräfte arbeiten nach folgendem Modell:

Jeder ist dann eine Führungskraft, wenn er genau für dieses, jetzt wichtige Projekt über das beste Fachwissen und Know-How verfügt. Für leistungsorientierte Kooperationsgemeinschaften sind Führungskräfte optimal, die an die „Weisheit der Vielen" glauben, als alle Macht an sich selbst zu binden, um sich wichtig und unentbehrlich zu fühlen. Eine projektbasierte Managementform ist der Schlüssel zu nachhaltig erfolgreichen Unternehmen der Gegenwart und Zukunft.

Die Arbeit mit Self-Fulfilling Management in den unterschiedlichsten Unternehmen während der letzten Jahre hat gezeigt, dass Ego-Persönlichkeiten mit ihrem begrenzten Verstandesdenken zunehmend in den Hintergrund rücken und nach und nach aussterben werden. Sie sind ein Fossil der Baby-Boomer-Generation, die langsam verschwindet. In der heutigen X- und Y-Generation setzen sich im Bereich der Führung andere, neue Schwerpunkte durch.

In den meisten Unternehmen wird der Fokus immer mehr auf das Team gelegt. Individualleistungen, die immer eng an eine bestimmte Person geknüpft sind, werden zwar nach wie vor gerne gesehen und honoriert, jedoch steht die Leistung der Gruppe im Vordergrund.

In meiner jahrelangen Arbeit als Beraterin in Unternehmen habe ich bemerkt, dass es immer dieselben Mechanismen sind, die Erfolge verhindern und Menschen blockieren.

Moderne Führung von Unternehmern und Führungskräften, die aus dem Herzen heraus agieren, sollte immer der traditionellen, egogetriebenen Führung vorgezogen und in Bewerbungs- und Einstellungsgesprächen besonders geprüft werden.

Lassen Sie uns nun Situationen anschauen, in denen Unternehmer und Führungskräfte besonders gefordert sind. Hier können Sie beweisen, ob Sie aus dem Herzen heraus agieren oder aus der Ego-Persönlichkeit.

1. Tatkräftig die Lösung von Konflikten unterstützen

Immer wieder bekomme ich in meinen Seminaren und Vorträgen zu hören, dass Chefs kein Interesse daran haben, bestehende Konflikte aus der Welt zu schaffen. Es gibt Chefs, die einen Riecher dafür zu haben scheinen, wo sie gerade nicht auftauchen sollten. Sie meiden dann großräumig Abteilungen, in denen sich gerade zwei Mitarbeiter in ein Streitgespräch verwickelt haben.

Dauern Konflikte länger an und verpesten das konstruktive Klima in einer Gruppe, dann schmücken sich viele Vorgesetzte mit einer Tarnkappe und sind plötzlich unsichtbar. Sie wollen „in nichts reinkommen" und es sich weder mit dem einen noch mit dem anderen verscherzen.

Viele Führungspersönlichkeiten wissen gar nicht, wie sie mit Konflikten umgehen sollen. Sie glänzen lieber durch Schweigen und Abwesenheit. Dies verärgert viele Mitarbeiter, die sich dann im Stich gelassen fühlen.

Der **Glücksmanager** zeigt offenes, unvoreingenommenes Interesse an Situationen und Menschen. Er ist vollkommen wertneutral und hört sich die unterschiedlichen Statements in Ruhe an. Er zeigt sich dialogbereit und versteckt sich nicht vor seinen Mitarbeitern. Er geht sogar von sich aus auf die Menschen zu, wenn er spürt oder erfährt, dass ein Konflikt vor sich hin brodelt oder schon kurz vor dem Explodieren ist.

Er fühlt sich in die jeweiligen Personen ein, ohne zu bewerten und zu urteilen. Er hört aktiv zu, wiederholt die Statements der Kontrahenten, um zu zeigen, dass er richtig verstanden hat. Er ist konzentriert, ganz in seiner Fülle und offen für Meinungen und Veränderungen. Ihm gelingt es, aufbrausende und cholerische Menschen herunter zu bringen, sie zu beruhigen und auf die Sachlichkeit in einem Gespräch hinzuweisen.

Da er in sich selbst ganz präsent ist, bleibt er mit hohem Bewusstsein in dem jetzigen Moment, fühlt und hört ganz genau hin. Er wird weder laut noch setzt er sich über andere hinweg. Er hat das Talent, auch auf ruhigere Mitarbeiter einzugehen, die sich in Konfliktsituationen eher zurückziehen.

Er ist an guten Lösungen interessiert und nicht daran, wer Recht hat. Deswegen wird er von seinen Mitarbeitern geschätzt. Sie können jederzeit zu ihm kommen. Sie werden unterstützt und gefördert. Er versteht Konflikte als wichtige Hinweise, um unterschiedliche Meinungen zu hören, zu ordnen und zu bündeln. Denn nichts ist schlimmer als Mitarbeiter, die gar nichts mehr sagen und sich innerlich zurückziehen.

Das weiß ein bewusster Chef ganz genau. Daher ist er Vorbild und weiß um die Wichtigkeit von Konflikten, die jedoch niemals eskalieren oder ungelöst im Sande verlaufen sollten.

2. Kontrolle von Mitarbeitern

Auch heute gibt es viele Führungskräfte, die der festen Überzeugung sind, dass Menschen kontrolliert werden müssen. Bis zu einem gewissen Maß stimme ich zu. Ich kenne jedoch eine Menge Ego-Persönlichkeiten, die keinem anderen vertrauen und die tollsten Kontrollmechanismen entwickelt haben.

Ein Zuviel an Gängelei und Kontrolle führt bei Mitarbeitern zu inneren Kündigungen. Viele fühlen sich wie kleine Kinder behandelt, denen man nichts zutraut. Ständig kontrollierte und manipulierte Mitarbeiter fühlen sich unfair behandelt und ziehen sich zurück.

Der **Glücksmanager** achtet darauf, nur so viel Kontrolle auszuüben, wie nötig ist. Er hat großen Respekt vor seinen Mitarbeitern, er ist voller Wertschätzung und Wohlwollen.

Er traut seinen Mitarbeitern unternehmerisches Denken und Handeln zu und fordert es auch ein. In regelmäßigen Gesprächen informiert er sich über die persönliche Einstellung und Meinung seiner Mitarbeiter zu Kunden, Situationen und Menschen im Betrieb. Es ist für ihn selbstverständlich, immer wieder Abläufe und Kundenkontakte zu hinterfragen und zu reflektieren.

So erübrigt sich ein Hinterherspionieren und Kontrollieren von ganz allein. Menschen zu manipulieren lehnt ein Unternehmer, der aus dem Herzen heraus lebt, generell ab. Er spielt die Menschen nicht gegenseitig aus. Er hält seinen Leuten keine Möhre vor die Nase und lässt diese so lange vor ihnen baumeln, bis sie erschöpft und unmotiviert sind.

Kontrolle entspringt dem Mangel- und Egodenken. Wie wir wissen, ist Dualismus immer auf Trennung aufgebaut. Es gibt einerseits den Unternehmer und andererseits die Mitarbeiter. Und keiner vertraut dem anderen, weil er im anderen immer nur Böses und Schlimmes vermutet.

Der Glücksmanager weigert sich, auf so einer Basis zu arbeiten. Seine Mitarbeiter kennen ihn als eloquenten, korrekten Menschen, der sich anderen gegenüber korrekt verhält.

Auch hier agiert der Chef als souveränes Vorbild. Er bringt täglich seinen Kunden, Mitarbeitern und Führungskräften großes Vertrauen entgegen, und diese wissen das zu schätzen. Er lässt Menschen in ihrem Bereich in einem Höchstmaß an Freiheit arbeiten und greift nur dann ein, wenn dies absolut notwendig und gewünscht ist.

Er spart niemals an Lob und Anerkennung, schätzt und erkennt den Einsatz seiner Mitarbeiter und ist dankbar dafür. Dies spricht er genauso offen aus wie Kritik. Er ist integer und interessiert und hat sein Unternehmen auf stabile Verbindungen zu Menschen und Institutionen aufgebaut. Egogetriebenes Misstrauen und Kontrolle lehnt er ab.

In seinem Herzen existieren Fülle, Freude, Frieden und Vertrauen. Die Menschen in seiner Umgebung spüren das und bringen dieser Haltung Respekt entgegen. Und es erübrigt sich von allein, solche Menschen über die Maßen zu kontrollieren.

3. Effiziente Burnout-Prävention

Chefs und Führungskräfte, die selbst aus dem Vollen schöpfen, die achtsam und wach durch´s Leben gehen, achten auch bei ihren Mitarbeitern darauf, dass sie sorgsam mit sich selbst und anderen umgehen. In der Praxis heißt das, dass man zusammen hält und sich gegenseitig unterstützt.

Chefs, die die Produktivität ihrer Mitarbeiter bis zum Letzten ausquetschen und das Letzte aus ihnen herausholen, handeln extrem kurzsichtig. Das explosive Ansteigen der Burnout-Zahlen zeigt uns, dass wir schnellstens umdenken und unser Handeln verändern sollten.

Ego-Persönlichkeiten nehmen keine Rücksicht auf sich und andere. Getrieben von ihrem eigenen Ego stehen bei ihnen Zahlen, Umsätze und Wachstumssteigerungen im Fokus. Der Mensch hat zu funktionieren, schließlich bekommt er dafür sein Geld. Menschen sind jedoch mehr als eine Kostenstelle.

Die branchenübergreifende Kosteneinsparung durch Vermeidung von Neueinstellungen und Personalaufstockung wird sich rächen. Es kann auf lange Sicht nicht funktionieren, wenn immer weniger Menschen immer mehr Aufgaben umfassend und konzentriert lösen sollen. Wer ständig unter Stress und Druck arbeitet, wird krank. Dies ist kein Geheimnis.

Unternehmer, die zwar immer höhere Betriebsergebnisse verlangen, Mitarbeiter jedoch mit Termindruck, Leistungsdruck und Erwartungen bombardieren und sie in dieser Not noch allein lassen, mit der lapidaren Bemerkung „dann schaut halt, wie ihr klar kommt", machen sich extrem unbeliebt.

Hervorragend qualifizierte Mitarbeiter werden das Unternehmen verlassen, weil sie derartige Vorgaben nicht akzeptieren.

Burnout ist für mich keine psychische Erkrankung, die ein paar Leute bekommen, die halt nicht belastbar oder besonders empfindlich sind.

Genauso ist Burnout für mich keine „Modeerkrankung", wie von einigen behauptet wird.

Burnout ist für mich eine gesellschaftliche Herausforderung, mit der wir uns in den kommenden Jahren befassen müssen. Denn neben Erwachsenen erkranken auch immer mehr Kinder und Jugendliche.

Wenn die Seele um Hilfe und Änderung bittet, dann ist das ein klares Zeichen dafür, dass der überwiegende Teil von uns im Ego-Denken verhaftet ist. Der Verstand als anpeitschende und kontrollierende Institution kennt kein Erbarmen.

Millionen Menschen liegen abends in Deutschlands Betten und können nicht einschlafen, weil sie sich bis tief in die Nacht mit ihrem Gedankenkarussell herumschlagen.

To-do-Listen, berufliche und private „Probleme" werden nachts im Bett gewälzt, Lösungen werden ausgedacht und wieder verworfen. Kinder, Jugendliche, Frauen und Männer sind Tag und Nacht im Gedankenstress und finden kaum noch Ruhe und Entspannung. Das Hamsterrad jedoch dreht sich unaufhaltsam weiter, ohne dass jemand auch nur einen Millimeter von der Stelle kommt.

Der **Glücksmanager** hat sich mit dem Phänomen „Burnout" gründlich auseinander gesetzt.

Wenn Menschen erst voller Leidenschaft für eine Idee, ein Projekt oder eine Vision brennen, dann aber nach und nach ausbrennen, erschöpft und müde auf der Strecke bleiben und im schlimmsten Fall für einige Zeit in eine psychosomatische Klinik aufgenommen werden müssen, ist das Kind bereits in den Brunnen gefallen.

Prävention ist überaus wichtig, um rechtzeitig die Burnout-Spirale zu erkennen und ein Hineinrutschen in die Erschöpfung zu vermeiden.

Glücksmanager ziehen sich immer wieder in ihre innere Mitte zurück. Sie betrachten Arbeitsabläufe, Personalknappheit und Arbeitszeitkonten mit dem nötigen Interesse. Überstunden werden kontrolliert und Personalengpässe besprochen.

Im Gegensatz zu Ego-Persönlichkeiten sehen Glücksmanager die eigenen Führungskräfte und Mitarbeiter als wichtige Ressourcen. Sie haben das nötige Mitgefühl und besitzen genug Empathie, um rechtzeitig zu erkennen, wenn jemand burnout-gefährdet ist.

Offene und vertrauensvolle Gespräche bieten dann die Basis für weitere Maßnahmen. Niemals wird jemand, der Symptome von einem Burnout zeigt, verhöhnt, ausgelacht oder schräg angeschaut und als Versager tituliert. Vielmehr werden ihm Unterstützung und effiziente Coachings angeboten, um den Schritt zu einem gesunden Arbeiten rechtzeitig zu finden.

Chefs, die in ihrer Essenz sind, sind immer darauf bedacht, die körperliche und seelische Gesundheit ihrer Mitarbeiter zu erhalten. Denn aus (eigener) Erfahrung wissen sie genau, dass ein schwacher oder kranker Körper auf einer niederen Energiefrequenz schwingt und so nur mittelmäßige Ergebnisse erzielen kann. Die eigene Lebensfreude und Klarheit führt zu einem Höchstmaß an Kreativität und somit herausragenden Ergebnissen.

Menschen, die an Burnout erkrankt sind, empfinden keine Lebensfreude, sondern nur noch Müdigkeit, Verzweiflung und Leere. Burnout ist der Sieg des Verstandes und des Egos über den Menschen.

Jeder Mensch ist Freude, Lebendigkeit, Leichtigkeit, Frieden und Klarheit. Werden Menschen als Leistungssklaven jedoch von ihrem Verstand aufgrund von immer höher werdenden eigenen Erwartungen und Ansprüchen in den Wahnsinn getrieben, gibt es keine Leichtigkeit und Freude mehr.

Ein Glücksmanager informiert seine Mitarbeiter und Führungskräfte über Burnout, spricht offen und wertneutral über unterschiedliche Symptome und Beschwerden. Er macht aus Burnout niemals ein Tabu. Voller Vertrauen geht er mit diesem wichtigen Thema um, bringt es in Meetings und Sitzungen immer wieder auf den Tisch und sorgt dafür, dass jeder aufmerksam damit umgeht.

Hilfe zur Selbsthilfe lautet das Motto. Es muss sich keiner dafür schämen, wenn er sich übernommen hat und erkrankt ist. Im Team werden Alternativen und Unterstützung besprochen. Spott und Abwertung werden nicht akzeptiert. Hier wird eine klare Linie gefahren.

So verliert Burnout seinen Schrecken und wird aus der Versager-Krankheits-Ecke herausgeholt.

Eine Gesellschaft, die derart viele Burnout-Kranke produziert, muss erkennen, dass Ego-Strukturen nur Unglück und Scherben hinterlassen.

4. Schenken Sie Ihren Mitarbeitern genügend Respekt und Anerkennung?

Spüren Ihre Mitarbeiter, dass sie wichtig sind? Immer wieder höre ich in meinen Beratungen, dass Chefs und Vorgesetzte immer noch große Probleme damit haben, ein Lob auszusprechen, wenn dafür gute Gründe vorliegen. Rackern sich Mitarbeiter über Monate ab, machen Überstunden und sind immer zuverlässig da, wenn sie gebraucht werden, kann ein kleines Lob vom Chef Wunder bewirken.

Viele Chefs sind immer noch verstandesorientierte Wesen, denen es scheinbar Schmerzen bereitet, wenn sie jemanden loben sollen. „Net gbruddelt isch genug gelobt", sagen wir Schwaben, und so sieht auch der Alltag in vielen Unternehmen aus. Meistens schwebt der Chef sowieso in höheren Sphären und ist für die meisten Mitarbeiter nur: „der da oben" oder der „da drinnen" (verschanzt in seinem Büro).

Ego-Persönlichkeiten fehlt einfach die Sensibilität, um eine Situation richtig einschätzen zu können. Frauen sind da wirklich im Vorteil, weil sie meistens intuitiv wissen, wann ein Lob wirklich gut tut.

Doch da die meisten Vorstände, Geschäftsführer und Führungspersonen immer noch überwiegend männlich sind, herrscht wirklich in deutschen Betrieben ein „Mangel an menschlicher Zuneigung" (ich spreche nicht von Sex!) und Sensibilität.

Die Leute sollen jeden Tag funktionieren. Soziale Gefüge werden nicht gestärkt, und Empathie und Sozialkompetenz sind oftmals Worte, die viele Chefs nicht einmal buchstabieren können. Führungskräfte „übersehen" in der Hektik des Tages einfach sehr vieles.

Und genau diese Kleinigkeiten sind es, die die Menschen glücklich machen und zu Höchstleistungen anspornen.

Der **Glücksmanager** nimmt sich die Zeit, seinen Mitarbeitern Aufmerksamkeit und Anerkennung zu schenken. Da er selbst in der eigenen Fülle und im eigenen Herzen verankert ist und sich von seinem Verstand nicht einschüchtern lässt, weiß er um die Bedeutung eines Lobs, das zum richtigen Zeitpunkt an der richtigen Stelle seinen Respekt und seine Wertschätzung ausdrücken soll.

Wurde ein Projekt erfolgreich zu Ende gebracht, ein großer neuer Kunde gewonnen, gute Ideen und Impulse umgesetzt, dann gibt es auch schon mal einen Blumenstrauß vom Chef.

„Freude und Lebensglück sind die Essenz für Schaffenskraft und Motivation", wissen Unternehmer, die ihr wahres Selbst erkannt haben und danach leben.

Solche Unternehmer werden für ihre Menschlichkeit geliebt und akzeptiert. Es kostet kein Geld, jemandem für seinen übergroßen Einsatz zu danken. Ein Lächeln und ein Händedruck vom Chef können oft mehr bewirken als 100 Euro Gehaltserhöhung.

Sensibel und respektvoll auf Situationen reagieren können nur Menschen, die in jedem Moment achtsam sind. Die eigene Achtsamkeit bringt Menschen immer wieder in das eigene Herz zurück, wo Wärme, Geborgenheit und bedingungslose Liebe zu Hause sind.

Genauso fühlen sich Mitarbeiter geborgen und zu Hause, wenn sie Menschlichkeit und Achtsamkeit erfahren. Hier reagieren alle Menschen gleich. Denn nichts macht Menschen glücklicher, als mit dem Herzen gesehen zu werden.

5. Effizienter Umgang mit Technik und Kommunikationsmitteln

Ein Blick auf globale Flughäfen am frühen Morgen oder späten Abend genügt, und wir stellen fest: Die Technik, die uns Hilfe, Vereinfachung, Unterstützung und Zeitersparnis versprochen hat, raubt uns in Wahrheit Zeit, lässt unsere Kommunikationsfähigkeit verkümmern und macht uns manchmal sogar krank.

Für die Generation Y ist es heute eine Selbstverständlichkeit, mit Smartphone, iPad und Laptop ständig auf stand-by zu sein. Ohne Frage sind die Technik-Freaks fast rund um die Uhr an sieben Tagen in der Woche erreichbar und „on".

Alle social medias werden permanent (oft sogar im Urlaub) mit Nahrung versorgt, XING, Twitter, Facebook usw. wollen immer neues Futter, virtuellen „Freunden" muss schnell noch ein „Hallo, wie geht's?" hingeworfen werden, und E-Mails müssen ständig bearbeitet werden.

Chefs und Führungskräfte, die ihre Mitarbeiter mit Mails rund um die Uhr quälen und beschäftigen, nur weil ihnen langweilig ist und sie leer und getrieben an irgendeinem Schreibtisch rumhängen, weil das Wort „Familienleben" für sie keine Bedeutung mehr hat, sind große Egoisten ohne Respekt vor der Privatsphäre von anderen.

Viele Mitarbeiter lässt die Unruhe und die Angst, abends um 23.55 Uhr noch eine wichtige Mail vom Chef zu bekommen, ständig auf stand-by und somit „on" sein.

So wurden aus an sich tollen technischen Hilfsmitteln weitere Sklaventreiber, mit denen arbeitswütige und wachstumsgeile Chefs auch im Urlaub und am Wochenende ihre Mitarbeiter auf Trab und an sich gebunden halten können.

Oft machen die Mitarbeiter zähneknirschend bei diesem Spiel mit, auch wenn die Ehefrau spätabends nörgelnd Strafmaßnahmen aus dem ehelichen Bett androht.

178

In einigen Unternehmen ist es selbstverständlich, dass ab einer bestimmten Hierarchiestufe Führungskräfte erreichbar sein müssen, auch wenn die Uhrzeit oder die Urlaubszeit dagegen spricht.

Es ist eine Unsitte geworden, sich die Technik zum Verbündeten zu machen, mit dem es möglich ist, andere zu kontrollieren und zu manipulieren.

Der **Glücksmanager** weiß um die Gefahr bei diesem Spiel. Menschen brauchen echte Auszeiten und Entspannungsphasen, um die eigenen Ressourcen auftanken und zu neuen Kräften kommen zu können. Ungeachtet der Hierarchie ist dies bei allen Menschen gleich.

Und somit sehen Glücksmanager einen sachgemäßen und sinnvollen Umgang mit der uns zur Verfügung stehenden Technik als unumgänglich an. Sie selbst wissen, wie wichtig es ist, zu sich selbst zu finden, in die eigene Essenz zu gehen und zur Ruhe zu kommen.

Nur der Verstand und die unterschiedlichen Ego-Denkmuster treiben Menschen in dieses Hamsterrad, das niemals still steht.

Ein Glücksmanager lässt seinen Mitarbeitern ihr Familienleben, denn er weiß um die Bedeutung von stabilen menschlichen Beziehungen, die er selbst schätzt.

Eine E-Mail im Urlaub ist weit mehr als eine kurze Störung. Es geht vor allem darum, dass unser Gehirn niemals wegkommt von den Gedanken, die sich rund um den Betrieb drehen. Und somit kommen wir nie wirklich zur Ruhe.

„Die Seele baumeln lassen" bedeutet aber, dass wir wirklich möglichst oft in einen Zustand von no-mind kommen, also wirklich jetzt, in diesem Moment sind und Freude am Entspannen haben.

Ganz egal, ob beim Bergsteigen, Fahrradfahren, Segeln, Skifahren, dem Genießen am Meeresstrand oder einfach zu Hause auf der heimischen Terrasse, jeder Mensch sollte die Chance bekommen, im Urlaub seine Psyche zur Ruhe kommen zu lassen.

Der Glücksmanager setzt Technik ganz gezielt dann ein, wenn sie seinen Mitarbeitern nützt. Er sieht Technik als das, was sie ist, nämlich ein Hilfsmittel. Menschen, die mit sich selbst liebevoll und rücksichtsvoll umgehen, machen das auch mit anderen.

Meiner Meinung nach brauchen wir dafür keine neuen Gesetze der Bundesregierung. Dafür reicht nicht der gesunde Menschenverstand, denn den gibt es nicht, sondern das gesunde Menschenherz, dem es absolut fernliegt, andere zu stressen.

Ein Familienvater oder eine berufstätige Mutter hat das Menschenrecht, abends, am Wochenende und im Urlaub die Zeit mit den Kindern und dem Partner bzw. der Partnerin zu genießen.

Die Flut von E-Mails sollte klein gehalten werden, um gesund in dieser Erfolgsgesellschaft bestehen zu können. Unser Gehirn ist für diesen technischen Wahnsinn nicht geschaffen. Stress und Druck machen früher oder später krank, ob wir das wollen oder nicht.

Ein Glücksmanager freut sich an der Fülle der Möglichkeiten, die das Leben anbietet.

Das Festkleben an großen und kleinen Bildschirmen ersetzt nicht den Kontakt zu sich selbst und zu anderen. Echte Kommunikation, Auge in Auge, ist ein Menschenprivileg, das wir nicht verlernen sollten. Unsere Sprache ist unser Reichtum.

„Nimmt man den Menschen die Worte, so beraubt man sie ihrer Sprache" ist ein schöner Satz, der alles sagt, worum es geht. Wenn wir uns überwiegend zwischen SMS, E-Mails und getwitterten Statements bewegen, wird ein grammatikalisch einwandfreies und rhetorisch buntes Gespräch aussterben. Unser Geist wohnt in der Sprache, und so werden sich Kinder, Jugendliche und Erwachsene dahingehend verändern, je nachdem, wie sie überwiegend kommunizieren.

Also wünscht sich ein kluger Chef keine ständige Erreichbarkeit seiner Mitarbeiter. Auch hat er den Mut, entbehrlich zu sein. Denn er lebt nach dem Motto: Wenn er abschalten will, dann schaltet er ab! Tun Sie´s auch!

6. Entscheidungen treffen – Effiziente Meetings nutzen

Um den heißen Brei herumreden, in jedem Meeting dasselbe verkünden und dann wieder nicht umsetzen, sich vor Entscheidungen drücken – dieses Verhalten von Chefs steht ganz oben in der Skala der Kritikpunkte, die ich immer wieder von Mitarbeitern in Beratungen zu hören bekomme.

Unternehmer und Führungskräfte, die ewig brauchen, bis sie eine Entscheidung treffen, machen ihre Mitarbeiter mürbe. Ist etwas besprochen und beschlossen, sollte es kurzfristig umgesetzt werden. Unzählige Mitarbeiter und sogar Führungskräfte klagen über nicht enden wollende Meetings, in denen immer das Gleiche wiedergekaut wird, bis es auch den Letzten in den Wahnsinn treibt.

Chefs haben es in der Hand, ob wertvolle Zeit in kurzen, knackigen Meetings sinnvoll und effizient genutzt oder in zähen und endlosen Sitzungen verplempert und verschwendet wird.

Wenn Mitarbeiter und Führungskräfte von einem Meeting in das nächste rennen, sollte unbedingt darauf geachtet werden, dass die Qualität der Meetings gewährleistet ist.

Ein **Glücksmanager** hält Ergebnisse in Meetings schriftlich fest, lässt Protokolle schreiben und vergewissert sich, dass die Agenda zügig durchgearbeitet wird. Für ihn sind Meetings niemals ein Ort, wo man sich vor anderen profiliert und aufspielt, um das eigene, wacklige Ego zu pflegen oder aufzupolieren. Es geht ihm immer um die Sache und um eine effiziente Entscheidung, die nach Anhören aller Beteiligten so schnell wie möglich getroffen wird. Fehlen noch weitere Daten und Fakten, so werden diese umgehend ergänzt.

Die Entscheidungsgeschwindigkeit nimmt zu, jeder weiß um seine Aufgaben. Überflüssige Rituale und andere Ego-Spielchen werden ersatzlos von der Agenda gestrichen. Leute, die sich selbst gerne reden hören, jedoch keinen echten Beitrag zu sachlichen Themen bringen können, werden in ihre Schranken verwiesen.

Der Glücksmanager verschwendet keine Zeit in Meetings. Seine Intuition sagt ihm genau, wenn Mitarbeiter müde und erschöpft sind. Er hält Meetings und Sitzungen absichtlich kurz und prüft genau, wann und ob ein Meeting Sinn macht.

Oft finden Meetings aus Gewohnheit statt. Keiner weiß warum, aber „der Vorgänger vom Chef hat das schon immer so gemacht und deshalb machen wir´s heute noch genauso".

Ein Glücksmanager hinterfragt Gewohnheiten und reflektiert den Sinn solcher Gepflogenheiten. Ihm liegt die Zufriedenheit aller Beteiligten sehr am Herzen. Daher wird kontrolliert, wann und ob Entscheidungen umgesetzt wurden und werden. Regelmäßige Ergebniskontrollen zeigen den Sinn oder Unsinn von Entscheidungen.

Ein Glücksmanager ist sich nicht zu schade, so genannte „falsche Entscheidungen" zu revidieren und nach neuen Lösungen und Alternativen zu suchen. „Menschen dürfen Fehler machen" sagt sich der Glücksmanager und ermuntert Mitarbeiter und Führungskräfte dazu, Entscheidungen zu treffen und mutig neue Schritte zu gehen. Denn Menschen, die aus dem Herzen heraus agieren, finden sich nicht mit der Komfortzone ab, die faul und träge macht.

Den Verstand und den inneren Schweinehund außen vor zu lassen und sich von der Intuition, die aus dem göttlichen, wahren Selbst kommt, leiten zu lassen, ist eine Kunst, die die Ergebnisse des Verstands um ein Vielfaches übertreffen wird.

Dazu gehören jedoch Mut und Vertrauen, die ausgetretenen Wege zu verlassen und sich auf Neues einzulassen.

Typische Fragen aus meinen Coachings

Sollte ich möglichst viele Denkmuster, Traumata, Verhaltensstrukturen und Glaubenssätze aus meinem Leben kennen, um sie mit SFM auflösen zu können?

Viele Menschen denken, es wäre notwendig, möglichst lange und intensiv in der Vergangenheit herum zu wühlen, um dann einige „Schuldige" zu entlarven, die uns zu dem gemacht haben, was wir heute sind. Andere wollen, wie wir es in psychologischen Therapien gewohnt sind, erst mal die ganze Kindheit auseinanderpflücken, um dann unendlich viele Bücher zu wälzen und Seminare zu besuchen, die mehr Klarheit in das Dickicht der Verwirrungen bringen sollen, warum wir so sind, wie wir sind.

Das alles ist bei SFM nicht notwendig. Da wir wissen, dass wir alle reiner Geist sind, müssen wir nicht mehr nach dem Ballast suchen, der irgendwo in uns versteckt ist. Es reicht zu wissen, dass alle Probleme eine Illusion unseres Egos sind, das uns damit beschäftigt und gefangen hält.

Unser Lebensziel ist es, unserem Herzen zu folgen und uns aus unserer Ego-Persönlichkeit zu befreien. Die Voraussetzung dafür ist, die Veränderung unserer Bewusstheit und unserer Ausstrahlung im Fokus zu behalten. Da unser Ego unsere alten Emotionen und Gedanken in seiner Struktur verankert hat, werden wir immer wieder mit Angst, Abhängigkeit, Mangel und Schuld konfrontiert. Dies sind Zeichen der Trennung und sollen uns eine gefährliche Welt „da draußen" implementieren.

SFM ist ein Mentaltraining, das in uns eine neue Weiche stellt, die wir bisher nicht gesehen oder gekannt haben:

Anstatt überaktiv und hektisch in der äußeren Welt nach unseren scheinbaren Problemen zu suchen, akzeptieren wir einfach, dass unsere Probleme eine Illusion sind. Wir machen Lebenssituationen zu Problemen, indem wir ihnen zu viel Aufmerksamkeit schenken.

Mit SFM nehmen wir Menschen, Situationen und Urteile wahr, akzeptieren sie als solche und richten die Konzentration auf unser Herz, unsere Essenz. So ist es vollkommen unwichtig, was in unserer Kindheit oder in der nahen Vergangenheit passiert ist und wann welche Bezugsperson uns ein Trauma zugefügt hat.

Wir akzeptieren die Dinge, wie sie sind und gehen direkt in unser Herz. Wir sind reiner Geist. Wir lassen unsere Emotionen und Gedanken links liegen, beurteilen sie nicht und sind uns gewahr, dass wir Licht sind, Freude sind, Frieden sind und geben uns unserer Bestimmung hin. Je mehr sich unsere Lebensbestimmung mit unseren Gedanken, Worten und Taten deckt, umso leichter und schöner verläuft unser Leben.

Wie verändere ich mich, wenn ich regelmäßig mit SFM arbeite?

Es ist wie mit allen Talenten, die in uns stecken. Wir entscheiden, wann, ob und wie gut wir sind und werden. Nehmen wir an, Sie sind sehr musikalisch, und Sie haben ein großes Talent, Klavier spielen zu lernen. Tag und Nacht hören Sie Klavierkonzerte von großen Meistern auf CD. Sie lassen sich durch die wundervolle Musik inspirieren und wollen nun auch selbst anfangen, Klavierstunden zu nehmen.

Nun liegt es an Ihnen: Bleibt es bei diesem Entschluss und hängen Sie weiter Ihren Träumen nach, eines Tages Klavier spielen und die Freude am Spielen selbst spüren zu können? Oder machen Sie sich tatsächlich auf die Suche nach einem herausragenden Lehrer und nehmen eine Doppelstunde pro Woche Klavierunterricht?

Oder beginnen Sie mit dem Unterricht, üben zuerst auch ganz begeistert und fleißig und hören nach drei Monaten wieder auf, weil Sie das tägliche Üben nicht in Ihren Tagesablauf integrieren können bzw. wollen?

Oder buchen Sie den Klavierlehrer drei Mal in der Woche? Er kommt sogar zu Ihnen nach Hause, so sparen Sie Zeit und können sich optimal vorbereiten. Sie planen das Klavierspielen fest in den Ablauf Ihrer Woche ein und machen schon bald erste Fortschritte. Sie bleiben kontinuierlich am Ball, und nach einem Jahr spielen Sie Ihrer Familie und Ihren Freunden ein phantastisches Stück vor.

Sie sind voller Begeisterung, Stolz und Freude, dass Sie es jetzt sind, der mit seinen eigenen Händen und mit seinem ganz besonderen Talent die Gabe hat, diese wundervolle Musik selbst zu spielen, anstatt sie nur auf einer CD anzuhören.

Sie sehen selbst, auch hier sind wir wieder der Schöpfer unserer Realität. Sie können SFM ein paar Wochen in Ihren Alltag integrieren und es dann wieder sein lassen, dann hat Ihr Ego wieder gewonnen.

Oder Sie schieben es ewig vor sich her, lesen weitere Bücher zu diesem Thema und fragen andere, wie es ihnen so ergeht, bleiben jedoch passiv.

Oder Sie machen die Übungen aus SFM einmal in der Woche und kommen dadurch recht langsam voran. Bald macht es Ihnen keine Freude mehr, weil Sie keine Erfolge sehen.

Oder Sie sind davon überzeugt, dass Sie Ihrer Ego-Persönlichkeit ab heute keine Aufmerksamkeit mehr schenken wollen, dafür Ihr wahres Selbst entdecken und stärken möchten. Sie üben täglich, machen sich abends Ihre kurzen Notizen und denken auch tagsüber immer wieder daran, die Aufmerksamkeit auf Ihr Herz zu lenken. Schon nach einigen Wochen merken Sie, dass Sie sich und Ihr Leben sehr zum Guten verändert haben.

• Sie üben sich in Achtsamkeit.
• Sie beobachten Ihr Denken.
• Sie beobachten Ihre Urteile und Bewertungen.
• Sie beobachten Ihre Emotionen und Gefühle.

Bei Gedanken von Sorge, Zweifel, Mangel, Angst, Schuld und Aggression halten Sie sofort inne. Sie akzeptieren Ihre Emotionen und Gedanken, Sie urteilen nicht, Sie üben sich in Hingabe und Dankbarkeit. Sie nutzen diese Situation als Möglichkeit, zu wachsen und in Ihr Herz zu gehen. Sie beginnen keine Handlung im Außen. Sie verlagern Ihr Bewusstsein in Ihr Herz.

Somit fließt eine andere Energie durch Ihren Körper. Sie sind in einer hohen Bewusstseinsebene und auf einem hohen Energieniveau.

Sie sind reines Sein. Sie nehmen die jeweilige Situation an. Sie sind in reinem Frieden, alles ist genau so, wie es sein soll. In diesem Zustand bleiben Sie so lange, bis sich eine Veränderung in Ihrem Denken und Fühlen einstellt. Sie spüren Ruhe, Freude und Leichtigkeit.

Sie lassen sich immer mehr von Ihrer Intuition führen. Ihr Leben bekommt einen ganz anderen Verlauf. Ihr Ego, Ihr Verstand werden immer unwichtiger, weil Sie ihnen immer weniger Aufmerksamkeit schenken.

Was genau sind Energieblockaden, und wie werden sie durch SFM aufgelöst?

Wie alle Stoffe in diesem Universum besteht unser Körper aus Molekülen. Diese bestehen aus Atomen, die sich aus Elektronen und subatomaren Teilchen zusammenfügen. Wir leben also in einem feinstofflichen oder energetischen Raum. Unser Körper ist ein energetischer Raum, und das Universum ist es auch.

Es gibt nur zwei Möglichkeiten, wie Energie sich in unserem Körper zeigt: Als Energie im Fluss oder als blockierte Energie, die sich in unterschiedlichsten Krankheiten, Mangel oder Emotionen manifestiert.

Jeder Mensch ist ein Energiefeld. Jeder Mensch sendet auf einer anderen Energiefrequenz.

Wenn wir mit SFM arbeiten, dann sind wir uns darüber bewusst, dass unser Körper ein Energiefeld ist, in dem der Energiefluss zum Teil blockiert ist. Dies wollen wir auflösen, sodass Energie wieder reibungslos fließen kann und wir sogar neue, wertvolle Energie hinzugewinnen. Wir können uns das so vorstellen, dass wir behutsam wie ein Archäologe Schicht für Schicht abtragen, bis die Energie wieder fließen kann.

Manche Menschen hängen länger in alten Glaubenssätzen fest als andere. Viele Menschen sind mit ihrem Verstand identifiziert und blockieren dadurch, in ihr Herz zu kommen, um die eigene Fülle spüren zu können. Andere sind von Ängsten blockiert, die nach und nach aufgelöst werden müssen.

Jeder Mensch ist anders, und so gehen wir auch vor – individuell und sehr persönlich.

Viele Menschen sind erkrankt, weil sich die Zellfunktionen durch eine Energieblockade im Körper verändert haben. Auch hier bringen wir die Energie wieder zum Fließen. Wie lange es dauert, eine Blockade ganz zu lösen, hängt vom zu behandelnden Thema und dem Willen des einzelnen Menschen ab, aktiv mitzuarbeiten, indem er loslässt, sich von seinem Verstand distanziert und beginnt, in sein Herz zu gehen.

Kann man mit SFM auch Beziehungen verbessern? Ich habe an mir beobachtet, dass ich immer wieder in Beziehungen scheitere

Natürlich verändern sich unsere Beziehungen, wenn wir mit SFM arbeiten.

Wenn Sie sich mit durchschnittlichen Menschen in der Gesellschaft über das Thema Liebesbeziehungen unterhalten, werden Sie immer wieder dieselbe Antwort bekommen: Es ist möglich und auch üblich, durch ein bestimmtes Verhalten und Auftreten Liebe von anderen „zu bekommen". „Liebe" muss man sich erst verdienen, denn man bekommt im Leben nichts geschenkt. Man sollte sich so verhalten, wie der andere es gerne hat, sonst läuft man Gefahr, den anderen wieder zu verlieren.

Jeder sagt dem anderen seine Vorstellungen und Wünsche, die er im Bereich von Beziehungen hat, und dann stellt man sich aufeinander ein. Wenn wir uns besonders gut verhalten, bekommen wir Liebe. Wenn wir den anderen verärgern, entzieht er uns seine Liebe.

So beginnen wir, an unserem Äußeren zu arbeiten, an unserem Gewicht und an unseren Einstellungen zu uns selbst und zu dem anderen. Viele Singles sind auf der Suche nach dem passenden „Seelenverwandten". Sie spüren die Einsamkeit und den unangenehmen Beigeschmack, den das Alleinsein mit sich bringt. Mit Partner fühlt man sich landläufig irgendwie besser. So machen sich Singles immer wieder auf die Suche. Doch leider finden sie aus dem eigenen Mangel heraus auch nur Menschen, die wiederum im Mangel sind (Resonanzgesetz).

Die verzweifelte Suche nach „Liebe" im Außen ist überflüssig, weil es Liebe im Außen nicht gibt. Wahre und reine Liebe gibt es nur in unserem wahren Selbst. Sie ist bedingungslos und rein. In unserem Herzen sind wir reine Liebe. Doch leider sind wir von der Quelle, von unserem Herzen meistens abgeschnitten. Und so fühlen wir uns getrennt. Es gibt uns und die anderen da draußen.

Diese Ego-Geschichte wird uns auch in hunderttausend Liebesliedern erzählt, wo wir vergangenen Lieben hinterher weinen, eifersüchtig über den anderen wachen, verzweifelt dem anderen zu erklären versuchen, dass genau wir die oder der Richtige für ihn oder sie sind.

Auch in allen Liebesfilmen besteht die Handlung darin, dass die Menschen sich leer und einsam fühlen. Es gibt Menschen dort draußen, die uns Liebe schenken können, die wir in uns nicht haben und nach der wir schon die ganze Zeit suchen.

Unglaublich, was unzählige Egos jeden Tag aus dem Mangel heraus auf den Weg bringen.

Die „Liebe" der Ego-Persönlichkeiten stellt Bedingungen und liebt nach Bedingungen. Es sollen eigene Wünsche und Bedürfnisse befriedigt werden, sonst liebt man den anderen nicht mehr. Solange die Partner nach diesem Muster noch funktionieren, läuft das Liebesspiel noch einigermaßen rund. Beginnt jedoch einer von beiden aus dem Spiel auszuscheren und die gestellten Bedingungen nicht mehr zu erfüllen, verfliegt die „Liebe" genauso schnell, wie sie gekommen ist.

Nach unterschiedlich langen Dramen, Auseinandersetzungen, Streitgesprächen und „Versöhnungen" wird die Beziehung irgendwann beendet, und man macht sich von neuem auf die Suche nach der wahren, echten, großen Liebe. Frustriert und enttäuscht wiederholen die Menschen Runde um Runde und werden immer unzufriedener und unglücklicher, weil das Spiel immer nach denselben Regeln läuft.

Einige ziehen sich aus dem Wettbewerb ganz zurück, weil sie Angst haben, dass es immer wieder so endet und hören auf, nach weiteren Partnern zu suchen.

SFM ändert nun die Sichtweise auf Beziehungen und Liebe. Die Menschen erfahren, dass es keineswegs „Liebe" ist, die sie dem anderen „überstülpen", sondern unterschiedlichste Projektionen aus der eigenen Vergangenheit und Erfahrung. Ein Bündel aus Illusionen wird dem anderen übergeworfen, mitsamt einer übergroßen Erwartungshaltung, dass er diese gefälligst zu erfüllen hat.

Wenn wir uns von dem anderen „entlieben", dann aus Enttäuschung, weil er unsere Erwartungen nicht erfüllt oder erfüllen will. Wir sind dann total verärgert und trotzig und beginnen, den anderen durch Worte und Verhalten von seinem Podest zu stürzen.

SFM deckt diese Illusionen auf. Wir konfrontieren uns mit unserer Unbewusstheit in Sachen Liebe. Wir alle müssen uns klar machen, dass wir nicht bewusst so handeln, um uns immer mehr zu frustrieren und zu verletzen. Vielmehr wissen wir es nicht besser. Und dies korrigieren wir nun.

Wir haben eine unbewusste, genaue Erwartungshaltung in Bezug auf Liebe: Wir „brauchen" den anderen, wir haben Sehnsucht, wir können ohne den anderen nicht sein, wir lieben ihn, weil er etwas tut oder sagt, wir verlangen von ihm, dass er uns treu ist.

Durch SFM lernen wir, dass wir bereits reine, göttliche Liebe sind. Wenn wir in unserer Essenz sind und diese göttliche Liebe spüren, können wir gar niemanden suchen, brauchen oder vermissen. Denn wir sind reine bedingungslose Liebe in reiner Essenz.

So lernen wir auch, dass wir niemals einen Menschen lieben, weil er etwas tut oder sagt oder hat, sondern dass wir gemeinsam Liebe sind. Hier gibt es keine Dualität mehr. Es gibt kein gut oder schlecht, richtig oder falsch. Es gibt keinerlei Erwartungen, weil es keine Projektionen gibt.

Denn es gibt in Wahrheit nur die Beziehung zu uns selbst. Die Beziehung, die wir zu anderen Menschen haben, ist immer ein Teil von uns selbst.

Wie geht der Glücksmanager mit dem Thema Liebe und Beziehungen um?

Der Glücksmanager ist immer achtsam, wenn es ums „Verlieben" geht. Er weiß um die Raffinesse seines Egos und weiß, dass ihm sein Ego Fallen stellt, in die er hereinfallen wird, wenn er unbewusst ist. Wenn wir uns nach den Strukturen des Egos „verlieben", wollen wir jemanden „haben". Wir empfinden Sehnsucht, wir verzehren uns nach ihm.

Der Glücksmanager weiß, dass sich Beziehungen automatisch ergeben. Man sieht einen Menschen, trifft einen Menschen, kommt ins Gespräch mit ihm. Wenn eine Beziehung entstehen soll, kommen wir nach dem Resonanzgesetz mit jemandem zusammen. Ob es sich dabei um eine Liebesbeziehung oder eine reine Freundschaftsbeziehung handelt, wird sich im Verlauf ergeben. Denn entsteht eine Beziehung zu einem Menschen, werden automatisch unsere Blockaden, Projektionen, Vorurteile und Bewertungen in Aktion gesetzt. Sozusagen unsere Baustellen, an denen wir noch zu arbeiten haben.

Beziehungen sind dazu da, uns unsere Begrenztheit und Verhaftung im Ego zu zeigen. Beziehungen sind jedoch auch eine Chance für uns, frei zu werden. Je nachdem, ob wir uns für eine Ego-Beziehung entscheiden oder eine Beziehung, die wir aus unserem wahren Selbst heraus führen. So ist jede Bedürftigkeit, jeder Gedanke, mit einem bestimmten Menschen eine Beziehung führen zu wollen, jede Einsamkeit und Verlorenheit, die klare Aufforderung an uns, in unser Herz zu gehen. Das Ego hat uns wieder einmal fest im Griff.

Der Glücksmanager wird immer wieder, wenn er spürt, dass er den anderen „haben will" oder ihn bewertet, beurteilt oder kritisiert, die Chance nutzen und in seine Essenz gehen, um die eigene, reine Liebe zu spüren, die schon immer in ihm war. Er nutzt jede Gelegenheit, um in seine Mitte zu gehen. Er fühlt den Frieden in sich und die grenzenlose

Liebe, die er bereits ist, ohne irgendetwas tun zu müssen. Er kommt zu Leichtigkeit und Freude.

So verwandelt er seine Bedürftigkeit und seinen Mangel in Klarheit, Sicherheit und Kraft. Er fühlt ganz klar in sich, dass er gar keine Beziehung braucht. Er spürt, dass er frei ist und dass es keinen Mangel gibt. Und dies strahlt er auch nach außen aus. Andere Menschen spüren das und finden das anziehend und attraktiv.

Werden Menschen aufgrund dieser hochwertigen Energie angezogen und entwickelt sich eine Beziehung daraus, befindet man sich von vornherein auf einem ganz anderen Energieniveau.

Ist jedoch jemand bedürftig und strahlt das aus, wird er immer nur genauso bedürftige Menschen kennen lernen, die aus denselben Gründen auf der Suche sind wie er: mangelnde Liebe, verloren sein, einsam sein. Beziehungen, die auf diesem Fundament aufgebaut werden, sind voller Dramen und Konflikte. Sie werden früher oder später scheitern.

Was kann ich tun, wenn ich fühle, dass mein Partner sich von mir zurückzieht und ich seine „Liebe" nicht mehr spüre?

Wenn ein Partner sich von uns zurückzieht und wir Angst haben, ihn zu verlieren, beginnen wir normalerweise, unsere ganze Aufmerksamkeit auf diesen Menschen zu richten und damit viel Energie zu investieren. Unser Partner spürt natürlich, dass wir im Mangel sind und zieht sich noch mehr von uns zurück.

Das ändert jedoch nicht unser Gedankenkarussell, das sich ständig um diesen einen Menschen dreht: Was macht er gerade? Was denkt er gerade? Mit wem trifft er sich, wenn er für mich keine Zeit hat? Wird er mich verlassen?

Ich würde in dieser Situation empfehlen, sich nach dem Spiegelgesetz zu fragen, warum ich mich von mir immer mehr zurückziehe und mir keine Liebe mehr schenke, als sich nach außen, auf den anderen zu konzentrieren. Warum spüren Sie Ihre Liebe nicht mehr?

Das wäre für mich die viel wichtigere Frage; denn wenn wir uns selbst verlassen haben und uns nicht mehr lieben, wieso sollte es dann ein anderer für uns tun?

Nutzen Sie daher die Momente, in denen sich Ihr Partner Ihnen gegenüber abweisend verhält und sich von Ihnen zurückzieht, um genau dann in Ihr Herz zu gehen. Kehren Sie zu sich zurück und kommen Sie mit Ihrem wahren Ich in Verbindung, anstatt sich nach außen zu orientieren und jämmerlich von jemandem „Liebe" einzufordern, der sie Ihnen sowieso nicht geben kann. Denn die Liebe, die wir brauchen, kann uns kein anderer geben. Das können nur wir selbst tun.

So gehen Sie in Ihre Essenz, in Ihr Herz. Sie empfinden den Frieden, die Ruhe und die Liebe in Ihrem Herzen und fühlen, dass Sie Ihren Partner gar nicht brauchen. Genau das ist der Paradigmenwechsel, der die ganze Situation verändern wird. Genau diese „Kleinigkeit" wird Ihr Leben verändern. Denn nun verändern Sie die ganze Situation: Entweder spürt Ihr Partner Ihre Klarheit, Ihre Kraft und Ihre Entschlossenheit und kommt Ihnen für offene Gespräche und eine wertneutrale Kommunikation entgegen, oder Sie brauchen Ihn gar nicht mehr, weil Sie in Ihrem Geist klar sind und sich sagen: Will ich das überhaupt noch?

Es ist vollkommen unwichtig, zu welchem Ergebnis Sie kommen, denn es wird genau das Ergebnis sein, das Sie weiterbringt. Es kommt aus Ihrem wahren Selbst, es ist vollkommen klar und ohne jede Abhängigkeit oder Ego-Struktur.

Was bedeutet es, in sein Herz zu gehen?

Wir haben in jedem Augenblick die Wahl: Richten wir unseren Fokus, unsere Konzentration nach außen oder kommen wir zu uns selbst, eben in unser Herz zurück?

Es geht hier um eine Sichtweise, eine geistige Haltung, um einen Blickwinkel. Natürlich nehmen wir unsere Umgebung, die Menschen und die Aufgaben, die wir zu erledigen haben immer noch wahr, doch wir handeln aus einer veränderten Haltung heraus.

Die Ego-Persönlichkeit ist, wie wir gehört haben, ständig in Probleme verwickelt, streitet sich mit anstrengenden Beziehungen herum, ist oft in Abhängigkeiten und Opferrollen gefangen und erlebt sich daher als unfrei, unzufrieden und immer am Rennen im bekannten Hamsterrad. Also an sich ein ganz normales Leben.

Gehen wir nun in unser Herz zurück, wählen wir eine andere, eine neue Betrachtungsweise. Unser Handeln und Tun kommt erst, nachdem wir in unserem Herzen sind. Wir trainieren kontinuierlich, erst in unser Herz zu gehen und dann den Impulsen zu folgen und so zu handeln, wie es uns von unserer inneren Stimme vorgegeben wird, unser Handeln nicht von äußeren Problemen dominieren zu lassen.

Denn wenn wir in unserem Herzen ruhen, strahlen wir mit unseren Augen, unserer Stimme und unseren Handlungen eine andere Persönlichkeit aus. Und wie wir wissen, ziehen wir durch das Resonanzgesetz andere Menschen und Situationen in unser Leben. Das führt zu besseren Ergebnissen und lässt uns unseren Seelenplan Schritt für Schritt umsetzen.

Für viele mag sich das noch befremdlich anhören, ein wenig zu esoterisch oder spirituell und irgendwie komisch. Denn in unserem „normalen" bisherigen Leben kannten wir so etwas nicht. Ja, das stimmt. Aber weil wir es nicht gesehen und angewendet haben, heißt das nicht, dass es nicht da war. Wir haben es nur übersehen oder es einfach nicht wahrgenommen. Doch das können wir in jedem Augenblick ändern.

Wie gelingt es uns, in unser Herz zu kommen?

Wenn Sie sich wieder einmal dabei ertappen, dass Sie in einem scheinbaren Problem festhängen, sich in einem Streitgespräch verfangen haben, oder voll in der Dualität gelandet sind, sagen Sie zu sich: „Halt! So mach ich jetzt nicht weiter! Ich beschließe, in mein Herz zu gehen!"

Am Anfang, wenn Sie vielleicht noch etwas ungeübt sind, wäre es gut, sich für ein paar Minuten an einen ruhigen Ort zurückzuziehen, um sich auf sich konzentrieren zu können. Wenn Sie zu Hause sind, können

Sie Ihre Lieblingsmusik leise dazu anstellen, sich bequem hinlegen und zu sich selbst kommen. Sind Sie unterwegs oder im Büro, dann geht es genauso, wenn Sie sich auf einem Stuhl bequem hinsetzen und sich entspannen.

Später, wenn Sie darin geübt sind, können Sie mitten in einem Gespräch, während Sie telefonieren oder etwas ganz anderes machen, in Ihr Herz gehen. Es wird ein Automatismus entstehen, der es Ihnen ermöglicht, von jetzt auf gleich von Ego-Persönlichkeit auf Ihr wahres Ich umzuschalten. Nach einer gewissen Zeit der Übung wird „in Ihr Herz zu gehen" wie ein Lichtschalter funktionieren, den Sie einfach nach oben oder nach unten kippen. Das geht in Bruchteilen einer Sekunde.

Sie werden die Wahl und die Entscheidung immer schneller treffen können, Sie werden immer tiefer und länger in Ihrem Herzen bleiben wollen und es auch tun. Es wird sich immer richtiger und schöner anfühlen. Sie werden es irgendwann als „Normalzustand" für sich sehen und nie mehr ändern wollen.

Wir richten unsere Aufmerksamkeit nach innen. Jetzt, genau in diesem Moment. Es liegt an uns, wohin wir unsere Aufmerksamkeit richten. Wir lenken unsere Energie auf eine andere Ebene und nehmen dadurch unsere Umwelt anders wahr.

Nun, wie kommen Sie in Ihr Herz?

Wenn wir sagen, wir gehen in unser Herz, dann bedeutet das, wir lassen die Welt außen los und fokussieren uns auf unser wahres Selbst in unserem Inneren. Dieses wahre Selbst ist reiner Geist. Es ist nicht unser Körper. Es ist nicht unsere Gedanken, es ist unser wahres Ich, das schon immer da war, das wir jedoch vergessen, übersehen, verdrängt oder dem Ego geopfert hatten. Wir haben uns nie darum gekümmert, weil wir es nicht besser wussten und kannten. Aber es war immer da.

Nun treffen wir bewusst die Entscheidung, dort wieder hinzugehen, in unser Herz, unsere Essenz, unsere Fülle, unser göttliches Selbst.

Zwei Übungen aus dem SFM-Programm

Übung 1: Anleitung, um in unser Herz zu gehen

Setzen oder legen Sie sich hin, entspannen Sie sich. Achten Sie auf Ihre Atmung. Ganz ruhig und tief sollte sie sein. Folgen Sie den Impulsen, die Ihnen Ihr Körper vorgibt.

Sie sollen sich wohl fühlen. Wenn Sie die Arme oder Beine verschränkt haben, dann lösen Sie sie. Wenn Ihr Körper es Ihnen sagt, lösen Sie alle Verkrampfungen in Ihren Muskeln.

Entspannen Sie Ihren Kiefer, Ihre Schultern und Ihren Rücken. Setzen oder legen Sie sich so hin, wie es sich Ihr Körper wünscht. Ihre Atmung wird immer ruhiger, tiefer und langsamer. Atmen Sie sechs- bis siebenmal tief und ruhig ein, halten Sie für eine kurze Zeit den Atem an, und atmen Sie nach Ihrem Rhythmus wieder aus. Atmen Sie tief in Ihr Herz, Ihre Mitte hinein. Weiten Sie Ihren Brustkorb. Mit jedem Atemzug werden Sie immer leichter, entspannter und kommen zu sich.

Sie entscheiden sich jetzt ganz bewusst dafür, Ihre ganze Konzentration in Ihre Mitte zu richten. In Ihrem Inneren leuchtet Ihr Licht, das Sie in Wahrheit sind, hell und strahlend.

Stellen Sie sich Bilder vor, wenn Sie es mögen. Vielleicht einen Aufzug, der von Ihrem Kopf in Ihr Herz fährt. Oder Sie sehen tatsächlich ein weißes Licht in Ihrem Inneren, das hell und warm leuchtet. Sie spüren die Energie, die von Ihnen ausgeht.

Auch wenn es Ihnen am Anfang noch nicht so gut gelingen sollte, weil noch zu viele Gedanken vorbei schwirren, eine Unruhe in Ihnen ist, weil zu vieles in Ihrem Gehirn kreuz und quer schießt, so genügt bereits die reine Absicht, in Ihrem Herzen zu sein, also die Entscheidung, in Ihr Herz zu kommen, um eine Bewusstseinsänderung zu bewirken.

Allein der Gedanke: „Ich bin ganz tief in mir … Ich sinke immer tiefer in mich hinein … Ich bin ganz Ruhe und Frieden …" reicht schon aus, um Ihre Konzentration in Ihr Herz zu lenken. Auch wenn Sie noch überhaupt nichts fühlen, so lenken Sie doch Ihr Bewusstsein in andere Bahnen.

Falls Ihr Ego es hinbekommt, Sie mit Gedanken immer wieder abzulenken, wiederholen Sie einfach ganz ruhig und entspannt die Reise in Ihr Herz.

Sie beschließen ein weiteres Mal in Ihr Herz zu gehen, atmen tief und ruhig ein und aus und fangen wieder von vorne an. Ohne Groll und ohne Widerstand. Ihr Fokus geht wieder nach innen.

Versuchen Sie wahrzunehmen, wie es Ihnen dabei geht. Sehen Sie etwas? Manche Menschen sehen Licht, Farben oder Lichtspiele.

Was fühlen Sie? Wärme, Geborgenheit, Weite, zu Hause angekommen sein, beschützt sein, getragen werden?

Selbst wenn es am Anfang noch gar nicht viel ist, wenn Sie kaum etwas wahrnehmen, stehen Sie doch in Verbindung mit Ihrer Essenz, Ihrem wahren Selbst. Sie sind nur ungeübt und wissen noch nicht, wie sich Ihr wahres Ich anfühlt. Zu lange hat Ihr Ego alles überdeckt.

Bleiben Sie mit Ihrer Aufmerksamkeit in Ihrer Mitte. Verlieren Sie nicht den Mut. Bleiben Sie bei sich, die Gefühle von Wärme, Geborgenheit, Frieden, Freiheit und Stille können stärker werden. Mit jedem Atemzug kommen Sie noch mehr zu Ihrem wahren Selbst. Sinken Sie hinein, lassen Sie sich fallen …

Sie sind nur noch reiner Geist. Sie sind der bewusste Schöpfer Ihrer Realität. Sie erschaffen Ihre Welt.

Ihr wahres Ich sendet kräftige Energieströme aus Ihrem Herzen. Ihr ganzer Körper ist reine Energie, die in die ganze Welt ausstrahlt.

Lassen Sie Gedanken, die jetzt noch kommen sollten, einfach vorüber ziehen. Völlig wertneutral. Atmen Sie ruhig und langsam weiter. Und so lassen Sie mehr und mehr alles los. Sie sind völlig frei, und alle Pro-

196

bleme sind nur noch eine Illusion. Sie sind und waren mit Ihrer Essenz in Verbindung.

Sie entspannen sich mehr und mehr, Sie fühlen Entspannung und Ruhe, Sie lassen sich immer mehr in diese Ruhe hinein sinken. Sie spüren Frieden und Stille.

Lassen Sie sich immer tiefer in Ihren inneren Frieden sinken. Vielleicht spüren Sie einen Anflug von Freude. Eine kindliche, grundlose Freude. Eine tiefe Freude, die einfach ist. Vielleicht eine Leichtigkeit. Atmen Sie ruhig, tief und langsam weiter ein und aus.

Es stellt sich vielleicht ein Gefühl der Verbundenheit ein. Sie fühlen sich tief mit allem verbunden, was ist. Sie fühlen Ihre Fülle, Ihr Herz, Ihre Essenz. Sie sind Freude, Sie sind Frieden, Sie sind Stille. Jede Zelle in Ihnen besteht aus pulsierender Energie. Diese Energie errichtet um Ihren Körper ein starkes Energiefeld.

Fühlen Sie sich eingebettet in eine schützende, warme Decke aus Licht. Diese Energie, dieses reine, weiße Licht breitet sich immer mehr um Sie herum aus. Sie fühlen sich vollkommen geborgen und beschützt. Sie sind zu Hause. Es gibt nur noch Frieden, Stille und Freiheit. Ihre Energie, Ihr weißes Licht schützt Sie und gibt Ihnen Klarheit und Kraft.

So fühlen Sie sich mit allem, was auf dieser Welt existiert, stark verbunden. Sie haben Ihre Quelle gefunden, es gibt keine Trennung mehr. Keine Dualität. Mit jedem Atemzug kommt immer mehr Energie zu Ihnen. Sie sind reine Essenz und Fülle. Es gibt keine Sorgen und keine Angst.

Sie sind göttlicher, reiner Geist – Ihr wahres Selbst.

Lassen Sie es zu, dass Ihre Energie in das Universum hinausstrahlt. Sie sind geschützt in Ihrer wärmenden Decke aus reinem Licht. Mit jedem Atemzug senden Sie noch mehr Licht und Energie hinaus ins Universum. Das Universum schickt Ihnen Ihre Energie und Ihr Licht zurück. Auf der Reise vom Universum zu Ihnen bringt diese Energie Ihnen alles mit, was durch das Resonanzgesetz mit ihm verbunden ist.

Menschen und Situationen, Impulse, Ideen und Gedanken kommen über das Resonanzgesetz zu Ihnen, bringen Ihnen Lösungen, Anregungen, Ressourcen und Unterstützung, um Ihnen bei der Erfüllung Ihres Seelenplans mit Inspiration und Intuition zur Seite zu stehen.

All dies geschieht in Freude, bedingungsloser Liebe und tiefem Frieden.

So erschaffen Sie sich als aktiver Schöpfer Ihre neue Realität. Diese äußere Realität ist immer mehr im Einklang mit Ihrer inneren Realität, Ihrer Berufung, Ihrem Seelenplan. Und so entfalten Sie mehr und mehr Ihr Potential.

Bleiben Sie einige Minuten in diesem Seins-Zustand. Nehmen Sie ihn tief und ganz bewusst wahr. Aus diesem Sein heraus wenden Sie sich wieder Ihrem Alltag zu. Bleiben Sie bewusst und achtsam. Verfallen Sie nicht gleich wieder in wilden Aktionismus und hektischen Übereifer.

Machen Sie die Dinge, die zu erledigen sind, aus diesem Seins-Zustand heraus. Machen Sie alles ganz bewusst, ohne Eile und Stress. Denn das führt zu nichts. Hektik, Eile und Stress sind Botschafter des Egos, die Sie in Ihr Hamsterrad zurückzerren möchten.

Bleiben Sie gelassen und geduldig. Machen Sie in Ruhe eins nach dem anderen. Spüren Sie das Licht, das in Ihnen leuchtet und fühlen Sie die helle, schützende und wärmende Decke um sich herum.

Verfallen Sie nicht mehr der Illusion, Sie müssten all diese Probleme lösen, die das Ego für Sie bereithält. Bewahren Sie sich den Frieden, der tief in Ihrem Herzen wohnt. So bleiben Sie das wertvolle Energiefeld, das mit dem Universum in ständiger Resonanz ist.

Führen Sie sich immer wieder in Ihr Herz zurück, wenn Sie spüren, dass Ihr Ego und Ihr Verstand die Führung übernehmen. Treffen Sie diese Entscheidung bewusst. Denn Sie sind der Schöpfer Ihrer Realität. Ihr Ego ist nur Illusion.

Übung 2: Energieblockaden auflösen

Eine Person oder eine Situation hat gerade in Ihnen eine Emotion ausgelöst, die Sie als sehr negativ wahrnehmen. Es kann eine Emotion der Sorge, der Angst, der Wut und Aggression, der Schuld oder des Rechthabens sein.

Tief in Ihnen spüren Sie, dass es zu einem Energiestau, einer so genannten Energieblockade gekommen ist, die Sie im Moment lahm legt.

Bevor Sie nun irgendwelche hektischen Aktivitäten starten, gehen Sie in Ihr Herz und lösen die Blockade auf: Setzen oder legen Sie sich hin. Atmen Sie ruhig und tief ein. Halten Sie den Atem eine Weile an und nehmen Sie das Gefühl der Wut, des Zorns, der Aggression, der Angst oder der Schuld ganz genau wahr. Bleiben Sie in diesem Gefühl.

Sie wollen nichts verändern. Sie nehmen lediglich dieses Gefühl wahr, ohne es zu kommentieren, zu bewerten oder zu beurteilen. Sie lassen es so sein, wie es ist.

Atmen Sie ruhig weiter. Lassen Sie beim Ausatmen alles los, was Sie belastet und beschäftigt. Stöhnen Sie die Last von sich. Befreien Sie sich von allen psychischen und physischen Fesseln.

Beim Ausatmen geben Sie all Ihre Wut, Ihren Schmerz und Ihren Groll mit hinein, den Sie in diesem Moment spüren. Fühlen Sie in sich hinein. Fühlen Sie die Stimmung und zwingen Sie sich zu nichts. Nehmen Sie an, was ist. Es ist gut so, wie es ist.

Dies führen Sie so lange fort, bis sich die Gefühls- und Gedankenwolke aufgelöst hat. Es kann einige Minuten dauern oder länger. Manchmal kommen die Gedanken und Emotionen später noch einmal zurück, dann sollten sie erneut aufgelöst werden. Dies machen Sie so lange, bis sich das belastende Gefühl vollständig gelöst hat.

Je nach Intensität des Gefühls, der belastenden Gedanken und der Schwere des anscheinenden „Problems" können einige Wiederholungen notwendig sein.

Bleiben Sie mit sich geduldig. Treiben Sie sich nicht an. Nehmen Sie sich die Zeit, die Sie brauchen. Tiefsitzende Emotionen, die aus alten Glaubenssätzen herrühren, brauchen länger, bis sie vollständig aufgelöst sind.

Verzagen Sie niemals. Seien Sie sich bewusst, dass prägende Ego-Strukturen gelöst werden können. Doch verfallen Sie in keine Hektik und Erwartungshaltung.

Gedanken wie: „Jetzt bin ich doch schon so lange dran, und immer noch ist dieses schreckliche Wut-Gefühl da, wann ändert sich das denn endlich?" zeigen Ihnen, dass Ihr Ego wieder mit im Spiel ist und Sie in der Falle sitzen.

Je sportlicher Sie das Ganze sehen, desto schneller kommen Sie voran. Unser Ego ist schlau, das dürfen wir niemals vergessen! Es passt sich unserem neuen Bewusstseinslevel an, denn es kämpft immerhin ums Überleben.

Also zeigen Sie die nötige Geduld und Gleichmut.

Urteilen und bewerten Sie nicht.

Es ist gut, so wie es ist.

Über die Autorin

Simone Langendörfer

ist die aus Hörfunk und TV bekannte Glücksforscherin und Burnout-Expertin. Sie gehört zu den Top-Rednerinnen und Management-Beraterinnen in Deutschland.

Simone Langendörfer ist Burnout-Expertin für den Hörfunksender SWR1, für RTL, PHOENIX, n-tv, das SWR Fernsehen, N24 und das FOCUS Magazin.

Mit ihrem innovativen Mentaltraining Self-Fulfilling Management® und Self-Fulfilling Happiness positionierte sie sich als Beraterin in Deutschland, Österreich und der Schweiz.

Seit 2008 wirkt sie aktiv in der Glücksforschung mit. Sie ist Inhaberin ihres eigenen Unternehmens und regelmäßig in unterschiedlichen TV-Formaten zu Gast.

Sie erzielt nachhaltige Erfolge mit eigenen Vortrags- und Seminarreihen. Ihre Themen sind psychische Belastungen in der Arbeitswelt und die Prävention von Burnout.

http://www.simone-langendoerfer.de

"Leistungsstärke durch Glückskompetenz"
Simone Langendörfer

Simone Langendörfer:

Leistungsstärke durch Glückskompetenz

Audio-CD, ISBN 978-3-943134-39-1
Video-DVD, ISBN 978-3-943134-40-7

Laufzeit ca. 72 Minuten 19,80 Euro
Leben ist Mee(h)r, Edition Forsbach 2013

Wir alle haben Sehnsucht nach Glück und Erfolg. Wir wünschen uns ein Leben in Fülle und Leichtigkeit. Um dem täglichen Hamsterrad und der niemals enden wollenden To-do-Liste im eigenen Kopf zu entkommen, sollten Sie sich auf Ihre eigene Essenz, Ihr wahres Ich, besinnen.

Der neue Vortrag „Leistungsstärke durch Glückskompetenz" ist ein wirksamer Begleiter in Ihrem Alltag, wenn wieder einmal Stress, Druck und Zeitnot die Führung übernehmen.

Wagen Sie mit Simone Langendörfer einen kritischen Alltags-Check und gewinnen Sie neue Leistungsstärke und Lebensfreude – jeder kann sich präventiv vor Erschöpfung im Alltag schützen!

Genießen Sie diese wohltuende Studioaufnahme, die von Simone Langendörfer selbst gesprochen wird und alle Bereiche des täglichen Lebens, wie Job, Beziehungen, Geldthemen und Eigenliebe anspricht.

Das vermittelte Fachwissen aus der Glücksforschung und Burnout-Prävention basiert auf wissenschaftlichen Grundlagen.

Simone Langendörfer:

Große Lust auf ganz viel Glück
Self-Fulfilling Management

17 x 22 cm, 204 Seiten,
ISBN 978-3-943134-37-7, 19,80 Euro
Leben ist Mee(h)r, Edition Forsbach 2013

Auch als E-Book erhältlich

**Glück und Erfolg kommen dann dauerhaft in unser Leben,
wenn wir bereit dafür sind.**
(Simone Langendörfer)

Was gehört für Sie zu einem dauerhaft glücklichen, erfüllten Leben?
Warum erscheint es Ihnen so schwer, glücklich zu sein?
Wer verhindert, dass Sie glücklich sind?

Jahrelang rennen wir verbissen und verkrampft in unserem Hamsterrad, um irgendwann frustriert zu erkennen, dass wir nirgends ankommen. Wo wollen wir überhaupt hin? Was genau suchen wir?

In ihrem Buch präsentiert Simone Langendörfer neueste Erkenntnisse aus der Glücksforschung und gibt Tipps für dauerhaften Lebenserfolg.

Werden Sie zum Manager Ihres eigenen Glücks!

Führen Sie das Leben, von dem Sie schon immer geträumt haben!

Genießen Sie Ihr Leben mit SELF-FULFILLING MANAGEMENT®!